Prints da adolescência

Blucher

Prints da adolescência

A construção subjetiva do adolescente

Organizadoras
Patricia Rivoire Menelli Goldfeld
Katya de Azevedo Araújo

Prints da adolescência: a construção subjetiva do adolescente

Publisher Edgard Blücher
Editor Eduardo Blücher
Coordenador editorial Rafael Fulanetti
Coordenadora de produção Ana Cristina Garcia
Produção editorial Ariana Corrêa e Andressa Lira
Preparação de texto Rodrigo Botelho
Diagramação Thaís Pereira
Revisão de texto Ana Maria Fiorini
Capa Laércio Flenic
Imagem da capa iStockphotos

Blucher

Rua Pedroso Alvarenga, 1245, 4º andar
04531-934 – São Paulo – SP – Brasil
Tel.: 55 11 3078-5366
contato@blucher.com.br
www.blucher.com.br

Segundo o Novo Acordo Ortográfico, conforme 6. ed. do *Vocabulário Ortográfico da Língua Portuguesa*, Academia Brasileira de Letras, julho de 2021.

Dados Internacionais de Catalogação na Publicação (CIP)
Heytor Diniz Teixeira, CRB-8/10570

Prints da adolescência : a construção subjetiva do adolescente / organizadoras Katya de Azevedo Araújo, Patricia Rivoire Menelli Goldfeld. – São Paulo : Blucher, 2025.

192 p.

Bibliografia
ISBN 978-85-212-2695-6 (impresso)
ISBN 978-85-212-2693-2 (eletrônico - Epub)
ISBN 978-85-212-2691-8 (eletrônico - PDF)

1. Psicanálise. 2. Psicologia da adolescência. 3. Desenvolvimento adolescente. 4. Subjetivação adolescente. 5. Escuta analítica de adolescentes. I. Título. II. Araújo, Katya de Azevedo. III. Goldfeld, Patricia Rivoire Menelli.

CDU 159.964.2

Índice para catálogo sistemático:
1. Psicanálise CDU 159.964.2

Palavras das organizadoras

O adolescer é uma fase *entre* a infância e a fase adulta, e este livro caracteriza a produção que ocorre *entre* duas gestões de diretoria da Sociedade Brasileira de Psicanálise de Porto Alegre. A primeira de 2022 a 2023, tendo como presidente Astrid Elisabeth Müller Ribeiro, e a segunda de 2024 a 2025, com Patrícia R. M. Goldfeld. Na primeira gestão foi realizado um curso que se intitulou "*Prints* da Adolescência", marcando um tom atual e inovador para trabalhar essa temática. Muitos colegas psicanalistas se engajaram em temas de seu estudo e promoveram um curso que resultou em muito sucesso. Então, não poderíamos parar por aí, surgindo a ideia da produção deste livro, como forma de abranger um público maior na transmissão do conhecimento psicanalítico e auxiliar na escuta desses adolescentes que se apresentam em sofrimento e buscam ajuda psicanalítica. Não podemos nos furtar a essa tarefa que, além de inquietante, perpassa nossas próprias vivências infantis, porém, agora, numa cultura em mutação.

Abarcar este projeto somente foi possível por ter sido bem acolhido pela diretoria atual, que tem uma preocupação iminente com a produção científica e a transmissão da psicanálise. O contato com a Editora Blucher e a sua receptividade foi um marco importante de uma parceria de confiança e credibilidade. Este é o primeiro projeto de alguns que já estão em andamento. Muito nos alegra essa aproximação que, em conjunto com a SBPdePA, difunde o conhecimento psicanalítico em sua profundidade e excelência.

Como organizadoras deste livro, Patrícia Goldfeld, presidente da atual gestão (2024-2025), e Katya de Azevedo Araújo, diretora de Publicações, nos esmeramos para levar ao leitor um conhecimento atual, instigante, que provoque reflexões necessárias ao nosso momento tão turbulento de valores e representações.

Cabe a nós, psicanalistas, ajudar a dar um sentido àquilo que se apresenta como inominável, surgindo em atos ou no corpo devido à carência de representações. Nosso fazer psicanalítico deve ser repensado e atualizado para, em termos teóricos e técnicos, se aproximar desse público que muitas vezes chega a nossos consultórios marcado pela dor e pelo desamparo. Como psicanalistas, não podemos ficar inertes diante disso. Temos que nos preparar para essa escuta e intervenção mais acolhedoras e assertivas.

Por fim, vale salientar nossa satisfação de estar à frente deste livro, como organizadoras, o que com certeza representa os princípios e cuidados de nossa diretoria como um todo. Convidamos à leitura.

Patrícia Rivoire Menelli Goldfeld – Presidente

Katya de Azevedo Araújo – Diretora de Publicações

Gestão 2024-2025

Conteúdo

Prefácio

Aqui vão algumas palavras que podem situar o leitor no percurso de construção deste projeto editorial, resgatando o contexto e a essência de sua criação, bem como seus objetivos e inspirações.

Este livro, que propõe uma atualização acerca de uma concepção psicanalítica da adolescência, tem sua origem num curso online, aberto à comunidade. Este foi organizado pelo *Espaço de Transmissão da Psicanálise*, uma das áreas que constituem a diretoria de Comunidade e Cultura da Sociedade Brasileira de Psicanálise de Porto Alegre (SBPdePA), destinado a ventilar o pensar psicanalítico além das fronteiras de uma sociedade psicanalítica componente da Associação Psicanalítica Internacional (IPA).

O movimento de difusão da psicanálise, forte compromisso assumido pela SBPdePA desde a sua criação e que perpassa as gerações que dirigem seus caminhos, tem encontrado nesses cursos abertos uma via de comunicação livre, descentrada, inclusiva e interdisciplinar com o mundo. Essa é uma condição sempre imanente à posição de escuta que a sociedade mantém com seu entorno.

Ao concluir o programa do curso, impôs-se a ideia de que sua composição tão abarcadora do fenômeno adolescente contemporâneo mereceria contar também com a dimensão escrita, que pudesse plasmar, de uma forma ainda mais profunda, esse mosaico de visões que marca o desenho singular da posição subjetiva de um grupo etário em sua inserção cultural e temporal.

Daí surge o termo *prints*, vocábulo em inglês muito usado, sobretudo pelos adolescentes, para se referir à captura da imagem da tela do celular. Assim, no programa do curso e nesta publicação que organiza nosso diálogo em forma de textos, buscamos "printar" a adolescência contemporânea por meio do olhar da psicanálise.

A amplitude dos temas que esta obra espera abarcar, tentando dar conta de uma visão atual do fenômeno adolescente, pode se resumir como segue. Parte de uma reflexão sobre a subjetivação adolescente e seus matizes no mundo contemporâneo, como forma de introduzir o tratamento do fenômeno a partir de uma visão psicanalítica da complexidade dessa travessia para o mundo adulto. Na continuação, vamos pensando sobre o percurso de construção da obra adolescente a partir da puberdade, como uma etapa diferenciada e preparatória. O capítulo sobre a transicionalidade se aprofunda sobre esse acontecimento fundante como marca do movimento de adolescer. Trata, em seguida, da crise familiar que essa fase enseja, bem como das mudanças e permanências nas formas da parentalidade. Ocupam-nos ainda o sofrimento e as patologias que se manifestam no processo adolescente neste tempo: as adicções às substâncias, às telas e outros formatos aditivos. Também povoam as cenas da dor adolescente os distúrbios alimentares, os cortes, as tatuagens e as múltiplas expressões do irrepresentável no corpo. Ainda a passagem ao ato e o ato antissocial, num espectro de violência que pode desembocar no suicídio, em sua versão autodestrutiva, e em assassinatos em massa, quando a pulsão de morte se dirige ao exterior. A diversidade nas vivências da sexualidade e nas possibilidades identificatórias, quanto ao gênero e aos formatos da experiência sensorial, são problematizadas nesta obra. Já no final do livro, nossa reflexão se dirige para os caminhos de saída do labirinto adolescente. Como cada adolescente poderá se encontrar com os fios do novelo de Ariadne, que poderão conduzi-lo a uma saída possível? O último capítulo propõe o foco naquilo que, na verdade, permeou todos os anteriores: a escuta analítica do adolescente contemporâneo. Sobre a singularidade e a delicadeza da posição do analista frente a um adolescente em sofrimento, sempre há muito que se perguntar. Há que enfrentar as peripécias de uma clínica difícil, que busca construir um diálogo capaz de acessar a possibilidade criativa de cada adolescente para encontrar seus caminhos. Ainda na metáfora mitológica, talvez se possa pensar numa escuta que trabalha tecendo, no processo analítico, os fios de Ariadne, que libertaram Teseu do labirinto.

São, portanto, diferentes ângulos do percurso adolescente neste momento da história humana que nos propusemos a estudar nesta obra.

O universo contemporâneo, caracterizado pela desconstrução das formas que um dia nos serviram de referência, "rompeu os espelhos da história" (Baudrillard, 1996);[1] os fatos do passado não refletem mais o futuro. Assim, a pergunta que perpassa todo o livro é: como trilha a subjetividade adolescente nesse contexto de imprevisibilidade, hiperconectividade, hipertecnologia e exaustão que caracteriza nossos tempos? Que espelhos refletem hoje o adolescente? Como se vê ante os espelhos do inquietante mundo que habitamos? Subjetividades, ressignificações, identidades confusas, corpos mutantes, espelhos estranhos, violência e sofrimento psíquico são os *prints* que compõem a cartografia multifacética da adolescência contemporânea, que este grupo de psicanalistas procura abordar.

A construção desse precioso mosaico teórico só foi possível pelo esforço coletivo de um grupo de colegas que acreditou e se debruçou apaixonadamente sobre a execução deste projeto. Este trabalho ocupou duas gestões administrativas da SBPdePA.

Aqui vai meu agradecimento às duas presidentes da nossa Sociedade que se sucederam no desenvolvimento desta obra: Astrid

1 Baudrillard, J. (1996). *As estratégias fatais* (A. M. Scherer, Trad.). Rocco.

Elisabeth Müller Ribeiro (gestão 2022-2023) e Patrícia Goldfeld (gestão 2024-2025). Também se envolveram com intenso afinco as diretoras de Comunidade e Cultura de ambas as gestões, Vera Elisabethe Hartmann e Rosa Santoro Squeff, bem como as diretoras de Publicações Sandra Bertoldi e Katya de Azevedo Araújo, que empreenderam a profícua parceria com a Editora Blucher.

Um agradecimento muito especial à Editora Blucher por haver acreditado neste projeto e tornado possível que toda a rica experiência do curso e dos textos fosse convertida nesta linda publicação. Que esta seja a primeira de novas e significativas parcerias entre nossas instituições.

É com ternura e gratidão que nomeio todos os colegas que entregaram seu conhecimento, sua criatividade e disponibilidade para compor esta obra. Aos professores do curso e autores, dra. Charo Maroño, nossa docente convidada, doutora em psicologia e Ph.D., da Universidade de El Salvador (Buenos Aires), e aos colegas da SBPdePA: Astrid Elisabeth Müller Ribeiro, Mara L. Horta Barbosa, Caroline Milman, Ane Marlise Port Rodrigues, Aline Pinto da Silva, Vera Elisabethe Hartmann, Ester Malque Litvin, Ana Rosa Chait Trachtenberg, Fábio Martins Pereira, Juliana Lang Lima, Denise Zimpek e Paula Daudt Sarmento Leite, meu efusivo muito obrigada.

Todos fomos adolescentes, pais, avós ou analistas de adolescentes e nos encontramos com suas dores e sua poesia desde esses diferentes lugares das complexas tramas familiares, sempre convulsionadas por esse sujeito em chamas.

Que este estudo sensível da adolescência, fase de desordem por excelência, que a partir dessas diversas posições vivenciamos e as quais, com carinho, sempre nos remetemos, seja útil e significativo para o leitor.

Helena Surreaux
Psicanalista Didata da SBPdePA e coordenadora
da Área de Transmissão da Psicanálise

1. Adolescência e subjetividade no mundo contemporâneo

Helena Surreaux

A adolescência, como uma posição subjetiva que marca a transição entre o mundo da infância e a vida adulta, se constrói sobre uma íntima relação do sujeito com seu contexto social e cultural, de onde recolhe os significantes que possam brindar-lhe novos sentidos identitários. O distanciamento em relação aos primeiros objetos de identificação empurra o adolescente para fora do ninho e o impulsiona para essa intensa fusão com o laço social, de tal forma que observar os formatos que vão tomando as adolescências permite traçar uma espécie de cartografia de para onde o mundo caminha.

E que podemos dizer sobre esse rumo a partir dos novos formatos que se apresentam e dialetizam com esse sujeito que vive a vulnerabilidade do afrouxamento da identidade infantil e da sensação de proteção advinda da crença no poder dos pais na infância? A delicadeza frágil desse ser, despossuído de suas auto e heteroreferências, empreendendo uma viagem ao desconhecido com pouca bagagem, o conduz por zonas de alto risco. Como se transitasse por uma estrada estreita, cercada por abismos de ambos os lados. E os abismos, é claro, cheios de vazio, são a mais acabada representação da morte. Fundamentalmente, o risco que enseja a passagem adolescente é um risco de morte.

A lírica imagem que propõe Mariano Horenstein (2021) para explicar o adolescente contemporâneo é a de um equilibrista em uma corda bamba, situada nas alturas, entre duas torres, pela qual deve atravessar. A torre da infância, lugar do brilho, do lúdico, da luz e das certezas, de onde parte, e a da vida adulta, com suas exigências, opacidades e incertezas. O adolescente, condenado a ser peregrino, padece de não saber ir e de não poder voltar. Mas arrimar-se por demasiado tempo à torre da infância, sem explorar o vazio, também assegura a morte do sujeito, acovardado frente ao crescimento e ao fluir temporal.

Antes de problematizar acerca das formas de subjetivação contemporâneas, precisamos percorrer um pouco o trabalho psíquico necessário ao ser humano para construir a adolescência.

Puberdade: busca de representação e espelhamento

Na linda metáfora do equilibrista, que tomei emprestada de Horenstein, vou agregar um posto avançado na travessia que se chama puberdade.

A experiência puberal costuma passar despercebida, sendo subsumida na adolescência, vista apenas como a explosão hormonal que acompanha o ser adolescente. Entretanto, a clínica com jovens mostra que são etapas bastante discriminadas, com mecanismos e operações psíquicas muito distintas, e que a qualidade do trânsito pela fase anterior determina fortemente a construção da adolescência.

Na puberdade o sujeito tem a urgência de processar, metabolizar o novo corpo que subitamente passou a habitar. A forma brusca dessa mudança corporal traz ao púbere a angustiante experiência de estranhamento por passar a não reconhecer a imagem que o espelho lhe reflete. É um indivíduo em choque. O fato extremamente disruptivo de não encontrar a imagem conhecida de si mesmo impõe o árduo trabalho de assimilar psiquicamente sua nova aparência física. Entretanto, o fracasso nessa apropriação do corpo pelo Eu – lembrando as palavras de Freud: "o Eu é sobretudo um Eu corporal" – ataca a noção de si mesmo e, consequentemente, compromete os trabalhos posteriores da adolescência.

O uso do termo "assimilar" para definir esse processo de apropriação não é casual. Remete ao processo digestivo, que, ao sintetizar o alimento vindo de fora, torna-o próprio, torna-o corpo. Essa imagem é bem explorada por Piera Aulagnier (1977) no seu modelo de aparelho psíquico. Desde que nasce, para poder suportar a vida, o ser humano ainda incipiente tem que lidar com os impactos do mundo em seu corpo, mediante o que entra pelos sentidos. E isso se dá por meio do trabalho psíquico por excelência, que é o processo de representação, essa faculdade humana de "ligar" (Freud, 2006b) e dar contornos ao acontecimento impactante por meio de uma sucessão expressiva que parte da sensação, segue pela imagem e tenta conquistar o requinte da palavra, com seus múltiplos sentidos. Esse é o processo representativo característico da pulsão, um corpo não apenas se apresenta, deve ser representado psiquicamente para ganhar potência nessa *gestalt* que produz identidade e certa convicção de existir.

Esse processo é incessante, se inaugura no início da vida e vai se sofisticando durante todo o percurso do desenvolvimento e amadurecimento, até a morte. Entretanto, em minha opinião, temos alguns períodos especialmente frágeis nessa caminhada. Destacaria o início da vida, pela situação de inermidade do bebê humano e sua dependência absoluta de um ambiente protetor que o habilite a assimilar os impactos de estar no mundo.

O outro momento de extrema delicadeza que eu saliento é a puberdade, pela explosão hormonal que faz desaparecer abruptamente o corpo que até então dava identidade ao sujeito. Até esse instante explosivo as transformações corporais seguiam um ritmo mais uniforme.

Faz sentido, neste momento de nossa reflexão, incluir uma menção ao ritmo musical como metáfora do processo de crescimento. A música é composta dentro de um parâmetro temporal, e o que controla a sucessão de sons dentro do tempo é o ritmo. Constitui a marcação do tempo de toda música. Ele fornece o compasso em que se constrói a harmonia e a melodia. No processo de amadurecimento, o ritmo vai seguindo uma cadência mais ou menos uniforme, em situações normais. Entretanto, a explosão hormonal da puberdade provoca uma quebra dessa marcha do crescimento, com uma transformação corporal brusca que exige um trabalho psíquico muito mais intenso do que o requerido até esse momento para representar a nova materialidade.

A vivência de estranhamento do púbere frente a sua nova imagem é da ordem do *Unheimlich*, de Freud (2019). Quando o familiar se torna estranho, não mais reconhecido como próprio, traz essa "inquietante estranheza", que anuncia algo que é simultaneamente alheio e familiar para o sujeito. São vivências disruptivas, intensamente angustiantes.

O grupo de pares passa a ocupar um lugar muito importante, como uma forma de cometabolização dos efeitos emocionais do crescimento. Ao observar as transformações no corpo do amigo, os indivíduos também vão elaborando a própria mudança corporal. Vão se reconhecendo por meio do crescimento e das transformações corporais do outro.

Por tudo isso, a vulnerabilidade, o desamparo e a necessidade de reconhecimento pelo outro são a realidade de meninos e meninas que vão tramitando novas composições identitárias, que o crescimento vai impondo.

Esse susto do púbere frente às transformações corporais é explorado maravilhosamente na literatura, no cinema e em várias manifestações da cultura.

Alice no País das Maravilhas (2019 [1865]), de Lewis Carroll (pseudônimo de Charles Lutwidge Dodgson, escritor, fotógrafo, matemático, reverendo anglicano e professor universitário inglês) é uma narrativa ricamente ilustrativa dessa circunstância. Inúmeras são as alusões à passagem do tempo, às transformações corporais, ao enigmático próprio da aventura de crescer e à pergunta que interpela entranhavelmente o púbere: quem sou eu?

A protagonista está entediada, deitada na grama do seu jardim, quando vê um coelho vestido e falante, com um relógio, dizendo-se atrasado. Já uma clara referência ao tempo, com a ideia de que há um atraso para chegar a algum lugar, que nunca se sabe qual é. Ao seguir o personagem, Alice cai num buraco, uma queda livre e brusca – emblemática da surpreendente irrupção da puberdade – que a leva a uma sala onde há uma porta muito pequena, que seu tamanho não lhe permitiria cruzar, e uma chave sobre uma mesa. Ali há um frasco com um líquido e dizeres em que se lê: "beba-me". Ela bebe e fica muito pequena; agora poderia passar pela porta, mas nesse tamanho não pode mais alcançar a chave sobre a mesa. Frustrada, chora muito e suas lágrimas alagam o ambiente, o que lhe permite subir nadando e alcançar a desejada chave. O choro parece aludir ao luto pela perda do mundo infantil. Mas é precisamente a possibilidade de chorar as suas perdas que lhe dá acesso à chave e a abrir a porta para a aventura de crescer – a chave como símbolo da abertura de um portal para o futuro, que se vive de forma ambivalente. Também a condição de estar nadando sugere um retorno ao útero materno. O caminho do crescimento nunca é linear; ensaia-se cruzar umbrais para o novo, mas voltar à proteção do já conhecido também é necessário para seguir.

O cruzamento da porta a conduz a um mundo fantástico, cheio de surpresas, situações confusas, enigmas e perigos. A oscilação entre os tamanhos se repete muitas vezes na história, tentando expressar o trabalho psíquico do púbere para apropriar-se da realidade do corpo e do tamanho que ocupa no espaço.

Nesse mundo, Alice está sempre perplexa, sem saber para onde vai e encontrando pouca ajuda dos personagens para entregar-lhe respostas. Torna-se evidente sua solidão. Essa condição caracteriza a puberdade, já que o grupo de pares ainda não é tão significativo nessa fase como virá a ser na adolescência. Ademais, na família não encontra um suporte, já que os pais também se encontram desacomodados com a perda da criança e o encontro com as vertiginosas transformações do filho em crescimento. O efeito *Unheimlich* que acomete o púbere também se apresenta nos pais, que devem processar a súbita aparição de um jovem que lhes arrebata a amada criança. Nessas condições o púbere não conta com a mãe empática da primeira infância, que tão bem sabia lê-lo. A mãe atual está a léguas de distância, tratando de entender as novas pautas de relação com o novo filho.

De volta a Alice, há uma passagem em que a menina se encontra com uma lagarta sobre um cogumelo, fumando narguilé.

> *A lagarta tira o cachimbo da boca e pergunta a Alice com voz lânguida e sonolenta: "Quem é você?" Alice responde: "Eu... já nem sei, minha senhora, nesse momento... Bem, eu sei quem eu era quando acordei esta manhã, mas acho que mudei tantas vezes desde então...".*

No diálogo com a lagarta, Alice lhe interroga se não se sentirá estranha quando virar borboleta, ao que esta responde: "não, nem um pouco". Sugere ainda à menina, como algo importante, que "mantenha a calma".

Nesse lírico momento da história, a lagarta, emblema da metamorfose como um fato natural da vida, tenta produzir um reequilíbrio frente ao estranhamento que vai gerando o crescimento. Traz a mensagem tranquilizadora de que as transformações fazem parte da aventura de viver.

A vivência de *Unheimlich*, produzida pelo desconhecimento de si mesmo do púbere, é magistralmente expressa na fábula por uma Alice sempre assombrada com os acontecimentos que a interpelam. A rainha de copas, que obriga seus súditos a pintarem as rosas brancas de vermelho, pode representar uma mãe terrorífica, que condena as meninas ao imperativo feminino da menarca e da sexualidade genital. A ameaça proferida pela rainha vem na ordem: "cortem as cabeças!", alusão à castração e a uma defesa radical frente ao pulsional, por meio da cisão corpo-mente.

Claro que seria impossível explorar todos os simbolismos dessa magnífica obra neste espaço. O objetivo é apenas destacar algumas operações fundamentais que se levam a cabo na puberdade e que as aventuras no País das Maravilhas retratam tão bem. Além disso, frisar que o movimento subjetivante da passagem para a vida adulta não implica só os lutos, sobre os quais antes se colocava a ênfase. O trabalho na puberdade é, sobretudo, o de se apropriar de uma imagem que surge abruptamente, obrigando o sujeito a uma assimilação do real do corpo em uma nova identidade.

Assim, o grande trabalho psíquico do adolescente, que é abandonar o mundo, os pais e o corpo infantil, já começa na puberdade e se consolida na adolescência propriamente dita.

Adolescência: um trabalho historizante

Ricardo Rodulfo (2004) é muito feliz em descrever essa fase do desenvolvimento como uma perspectiva de trabalhos simbólicos a cumprir. Migrar do familiar ao extrafamiliar, romper com a criança ideal dos pais, achar uma possibilidade de ser, de se reinventar.

Trata-se de um processo de historização da infância que leva a cabo o adolescente. Organiza o turbulento trabalho de desconstrução efetuado na puberdade, apaziguando a explosão sensual e fantasmática que varreu a infância. Encontra apoio para essa tarefa sobretudo no grupo de pares. O incremento da sociabilidade vem para encenar o pulsional desenfreado que a puberdade pôs em marcha. Por meio das relações nos grupos de jovens, com seus conflitos, amores e desamores, intrigas, alianças e rupturas, os adolescentes produzem cenas que vão despregando o caudal pulsional e produzindo roteiros capazes de ligá-lo, representá-lo. Um profundo trabalho de metabolização psíquica é empreendido pelo Eu adolescente.

Piera Aulagnier descreve poeticamente esse processo como o trabalho de "construir-se um passado" (1992). O adolescente é um sujeito que se historiza, situando-se como seu próprio biógrafo ao narrar-se a si mesmo. Na infância, era narrado pelo outro, alienado no discurso e no desejo dos pais; a adolescentização torna-o *biógrafo de si mesmo,* nas palavras de Aulagnier. A partir do inter-jogo daquilo que ela chama de "fundo de memória", material oriundo do impacto das primeiras representações, e os "possíveis relacionais" (Aulagnier, 1992, p. 445), novos encontros, imantados por essas primeiras identificações, o sujeito se torna capaz de construir-se um passado. Essas impressões originárias constituem o "capital fantasmático que vai decidir o que formará parte de sua investidura, do seu desejo e o que será marcado pelo carimbo do rechaço, do negativo, do mortífero" (Aulagnier, 1992, p. 444). Essa é a transformação que caracteriza a adolescência, a apropriação quanto aos enunciados identificatórios fundantes do discurso parental, que permitirá a ação criativa do novo, construindo um espaço-tempo futuro que, mais do que nostalgia do passado, constituirá a inclusão identificante de novas formas de investimento do projeto identificatório, resultado desse processamento do herdado. Daí a grande metamorfose, a operação adolescente que torna o sujeito capaz de pensar-se a si mesmo em forma autônoma. Uma manobra de virada que abandona os restos do Eu ideal e seus objetos amorosos e catapulta o ideal do Eu, como condutor de um caminho que dá lugar ao novo na busca e encontro com o objeto. Segundo Córdova (2010),

> *sempre está em jogo um processo dialético entre a força fusionante do puberal e os trabalhos separadores do adolescente. O puberal ativa o Édipo genital, o adolescente permite a sua elaboração. O puberal permanece próximo ao Eu ideal como anseio narcisista de retorno; o adolescente cria as condições para a primazia do ideal do Eu, como projeto*

identificatório e horizonte que sinaliza um possível caminho de saída para o sujeito adolescente. (p. 48)

Essas operações permitem ao adolescente abandonar certas posições de onipotência, experimentando já alguma renúncia aos sonhos que se apresentam como impossíveis. É um caminho que não permite volta, mas que só pode ser percorrido de forma não traumática por meio de uma perspectiva transicional.

Adolescência e transicionalidade

Esse conceito revolucionário cunhado por Winnicott (1975 [1951]), a transicionalidade, é o próprio emblema da adolescência. Fala de um espaço entre duas realidades que permite o ensaio, o ir e voltar para poder seguir em frente, a experimentação. É a dimensão espacial "entre" o antes já conhecido e calmante e o novo, cheio de incertezas, inseguranças, mas que também instiga a conquistar. A criação dessa ponte psíquica entre duas realidades, que estabelece uma terceira área possível para existir, é o que permite viver todo o impacto disruptivo da mudança sem "quebrar" internamente. É a forma de manter a estabilidade da marcha do movimento de representação dos impactos das incertezas frente ao novo.

O conceito winnicottiano (1975) vem para dar conta da construção da alteridade no psiquismo. A vivência transicional é a condição ordenadora e protetora do movimento que parte da fusão inicial para uma concepção da mãe como algo externo e separado. O estabelecimento dessa terceira área é o que possibilita que a experiência sempre disruptiva da separação no início da vida não tome o rumo adverso do trauma e interrompa a continuidade do ser do bebê.

Portanto, o estabelecimento da transicionalidade é a ponte que leva ao encontro com um novo sentido de realidade, sem uma ruptura no sentimento de existir. Esse espaço potencial, que não está localizado nem dentro nem fora, é a área inaugural de separação entre bebê e mãe, que permite a exploração. O bebê se ensaia independente, explora o mundo, mas sabe que pode voltar para o colo da mãe se for tomado pela insegurança. Por isso a transicionalidade só é possível com uma mãe viva e com a confiança na sua existência pelo bebê.

A concepção desse "entre" ilumina a compreensão do movimento do ser humano em busca da sua incessante construção e transformação. Inaugura-se no início da vida, mas constrói um padrão no enfrentamento do sujeito com o novo e com os desafios que se replica ao longo da existência.

Assim, a descoberta da diferença Eu-não Eu na fase precoce é o modelo do futuro e incessante relacionamento do ser humano com o porvir desconhecido, com o estranho, o não Eu. A posição adolescente, portanto, pela mutação identitária que enseja, revisita radicalmente essa operação primeva de composição de um Eu. Na adolescência um "novo" Eu deve ir se construindo transicionalmente, no caminho de uma identidade adulta.

Esse trabalho construtivo do adolescente é visível na forma como este lida com a linguagem, construindo neologismos e formulações linguísticas inovadoras que o "traduzem" melhor do que o léxico já existente, sentido como caquético, obsoleto e também escasso para expressar a complexidade do seu sentir.

Como bem sustenta Córdova (2010),

> *em resposta ao silencioso embate entre a pulsão e as vertiginosas transformações no real do corpo, os adolescentes necessitam recorrer a significantes próprios, às vezes inéditos para "apalavrar" e inscrever esse íntimo acontecimento e subjetivá-lo. (p. 26)*

É um trabalho criativo de desordenamento da linguagem, gerando novos sentidos que os expressem em sua insondável poesia e que constituam outra via de desalienação. A linguagem do adulto, à qual estiveram sujeitados até então, cede lugar a novos códigos linguísticos, dos quais se apropriam, assim como têm que fazer com seu novo corpo, como uma forma de "dizer algo em nome próprio" (Córdova, 2010, p. 28).

Creio que as imagens visuais com as quais tratamos de desenhar a adolescência, em nosso imaginário de adultos que tentam falar sobre ser adolescente, sempre trazem embutida a sombra da morte. A figura que propus, da estrada estreita cercada de abismos, ou a corda bamba entre as torres de Mariano Horenstein, vislumbram o risco de morte inerente à passagem. São imagens que tratam de travessia, movimento, tentativa de seguir em equilíbrio e alto risco de cair no vazio. Esse é o ponto que quero explorar agora.

Nas primeiras interações mãe-bebê, o ambiente trata de proteger o pequeno do risco da desintegração psíquica pelo encontro com a vivência de desamparo. No caminho da integração do *infans* num Eu, o risco à espreita quando o real toma intensidades abrumadoras é a queda no vazio representacional, que implica a ruptura da continuidade de ser. Também, dito de outra forma, a vivência fragmentadora do desamparo, quando a mãe se ausenta além das possibilidades do bebê de processar essa falta, interrompe a marcha do movimento de apropriação da experiência por meio do psiquismo. A representação psíquica do vivencial vai dialeticamente construindo um psiquismo. Criar psiquismo é criar representação, é *psiquicizar* (Benyakar & Lezica, 2006). É gerar contornos para a experiência por meio da representação.

O processo adolescente é, em certa dimensão, análogo ao do bebê que está se integrando num Eu/*Self*. O perigo representado pelo abismo é o da fragmentação, da desintegração, caso a transicionalidade do processo não se efetive. Cair no abismo é a expressão do nada, do não ser, da morte do ser.

Winnicott vai além, com uma formulação muito precisa: se no crescimento a fantasia que está em jogo é a morte, na adolescência passa a ser o assassinato. Crescer significa ocupar o lugar do pai e da mãe, por isso é inerentemente um ato "agressivo", "uma transformação que se faz sob o cadáver de um adulto" (Winnicott, 1975, p. 198). Entretanto, os pais devem sobreviver, não só concretamente, espera-se, mas como uma função indispensável na vida do adolescente (Winnicott, 1975, p. 198).

As formas de subjetivação contemporâneas tecendo as adolescências

Abordar as formas de subjetivação vigentes no tempo que habitamos é, no mínimo, desafiador. Não temos a devida distância para pensá-las e para avaliar a intensidade e o alcance de seu poder subjetivante. Nossa relação com a cultura desvenda a dimensão daquilo que nos excede e que nos faz mais conduzidos do que condutores.

Entretanto, escutar as vozes do nosso tempo interpela e convoca profundamente nossa vocação psicanalítica. Como diz Agamben (2006), "O contemporâneo é aquele que percebe o escuro do seu tempo como algo que lhe concerne e não cessa de interpelá-lo . . . é aquele que recebe em pleno rosto o facho de trevas que provém do seu tempo". Definitivamente não temos a distância, nem a luz certa para enxergar nosso tempo com as suas complexidades e o impacto que produz, desvelando nossas fragilidades e nosso desamparo. Ainda assim, assombrados e perplexos, estamos "implicados" e condenados a olhar nosso entorno, tratando de não sucumbir a uma visão apocalíptica que nos leve a um colapso de sentido.

O primeiro a ressaltar sobre a nossa sociedade é o fato de ser caracterizada pela hipertecnologia e pela hiperconectividade, por meio da internet e das redes sociais.

A tecnologia passa a ser um fator constituinte da subjetividade no mundo contemporâneo. A reflexão sobre a invasão das infâncias e das adolescências pelas máquinas, por meio de celulares, jogos eletrônicos, computadores, *tablets* etc., vem nos ocupando há bastante tempo e trazendo, sobretudo, uma feição preocupante sobre essa realidade.

Um ponto a destacar me parece o risco à vivência da transicionalidade, tão própria dessa fase da vida e tão necessária para conduzir os processos de mudança em um ritmo não desestruturante, como dizíamos anteriormente. A exposição aos aparelhos, desde a infância e ainda mais incrementada na adolescência, leva a que o jovem esteja exposto a uma diversidade de cenas e de expressões do real humano para a qual não está maturativamente habilitado.

A importância da vivência transicional no processo adolescente, para dar suporte às vertiginosas mudanças, que de forma tão veemente defendi algumas linhas acima, se vê comprometida por essa também hiperexposição do adolescente a conteúdos inquietantes e enigmáticos que entram pela internet. Estes dizem respeito ao mundo adulto e a certas faces sombrias da produção humana, para os quais não conta com ferramental que lhe permita decifrar e metabolizar.

Outro aspecto importante da nossa cultura, além do já mencionado, é um certo imperativo no sentido do desempenho e da *performance*. Isso diz, de forma muito impactante, o filósofo coreano Byung-Chul Han, que nos descreve como a *sociedade do cansaço* (2021).

Ele afirma que a violência hoje não é mais exercida pela dialética do senhor e do escravo, em que há um explorador e um explorado. A exploração foi internalizada pelo sujeito contemporâneo e ele se transformou no patrão de si mesmo, no empresário de si mesmo. A demanda de perseverar e não fracassar e a ânsia pela eficiência vai levando-o a um sacrifício de valores fundamentais. Perde-se o contato íntimo, o tempo em família, o lúdico entre pais e filhos. Essa condição deixa os jovens em solidão, também pressionados por demandas de sucesso num mundo grande demais.

Os pais, empurrados para o desempenho e exaustos, não encontram tempo e energia para acompanhar seus filhos e estar mais próximos e alertas quanto aos conteúdos que são consumidos pelo adolescente. É difícil que os adultos ocupados, cansados, empresários de si mesmos, possam ter ideia dos riscos aos quais suas crianças estão expostas. Sugiro, entretanto, que tentem estar mais perto.

É claro que a internet e a tecnologia trazem experiências importantíssimas de encontro, de vencer distâncias e de promover ricos intercâmbios. A ideia não é demonizar os formatos contemporâneos, nem incentivar práticas tecnofóbicas, mas interpelar e analisar a subjetividade da nossa época e, dentro dos limites possíveis, buscar sobreviver ao mal-estar reinante nessa cultura ou em qualquer outra, em qualquer momento do mundo. Para isso, talvez tenhamos que fazer um trabalho de luto pelos formatos anteriores e abrir espaço para incorporar os novos modos de subjetivação.

As condições globalizadas nos permitem testemunhar tudo do sofrimento humano, em todos os lugares e em tempo real. Sempre há uma câmera que vê e mostra. Mostra também o que não queremos ver. Não há forma de que essa experiência de ver em demasia não nos modifique por dentro. Acompanhar as façanhas dos seres humanos no exato momento em que elas ocorrem já não nos permite deixar de implicar-nos nos acontecimentos. E dessa experiência não saímos incólumes.

Como diz Tesone (2023), "o Eu contemporâneo é um Eu fragmentado e múltiplo" (p. 155). Alerta que não trata de uma fragmentação psicótica, mas sim de uma plasticidade na organização psíquica, tecida na intimidade do laço social, própria do entramado cultural contemporâneo. São novas formas de amor, muito mais diversificadas, novos valores e perspectivas, novas formas de sofrer, de sentir, de pensar-se.

A construção das adolescências cavalga sobre esses imperativos deste tempo. Construir-se um passado, delimitando a infância e organizando o fluir temporal, é um trabalho necessário, que deve acontecer sob os auspícios da transicionalidade. Essas operações devem suceder como um processamento da pulsionalidade radical que estourou na fase puberal. As condições do mundo hiperconectado, entretanto, são desafiadoras para conquistar tal apaziguamento. A excitação contumaz, vivida por meio das redes, as cenas impactantes dos vídeos que assistem, os *chats*, que geralmente acontecem entre vários participantes, são atividades constantes e vertiginosas que não permitem o repouso, a contemplação, o silêncio para processar o trabalho adolescente. São as circunstâncias próprias dessa cultura e que dão a tessitura singular da transição adolescente contemporânea.

Referências

Agamben, G. (2006). O que é o contemporâneo? In *O que é o contemporâneo? e outros ensaios*. Argos.

Aulagnier, P. (1977). *La violencia de la interpretación*. Amorrortu.

Aulagnier, P. (1992). Construirse un pasado. *Adolescencia, Revista APdeBA*, *13*(3), 441-468.

Benyakar, M., & Lezica, A. (2006). *Lo traumático. Clínica y paradoja*. T2. Biblos.

Carroll, L. (2019 [1865]). *Alice no País das Maravilhas*. Classic Edition.

Córdova, N. (2010). Del Pictograma al Pentagrama. In N. Córdova, & A. Grassi, *Entre niños, adolescentes y funciones parentales: psicoanálisis e interdisciplina*. Entreideas.

Freud. S. (2006a). O Ego e o Id. In *Obras psicológicas completas de Sigmund Freud* – Edição Standard Brasileira (Vol. XIX). Imago.

Freud, S. (2006b). Interpretação dos sonhos, cap. VII. In *Obras psicológicas completas de Sigmund Freud* – Edição Standard Brasileira (Vol. IV). Imago.

Freud, S. (2019). *O Infamiliar (Das Unheimliche).* Edição comemorativa bilíngue. Autêntica

Han, B. C. (2021). *Sociedade do cansaço*. Vozes.

Horenstein, M. (2021). *Funambulistas: travesía adolescente y riesgo.* Viento de fondo.

Rodulfo, R. (2004). *El niño y el significante.* Paidós.

Tesone, J. E. (2023). *Un dolor sin sujeto. Marcas disruptivas en el psiquismo, resignificadas.* Letra Viva.

Winnicott, D. W. (1975 [1951]). *O brincar e a realidade.* Imago.

2. Da puberdade à adolescência. Atualizações clínicas

Charo Maroño

Introdução

É conhecido que cada uma das etapas da vida humana tem suas especificidades, seus desafios e suas "tarefas psíquicas". O trabalho na consulta clínica psicanalítica com pacientes púberes e adolescentes me permitiu observar suas características e processos psíquicos específicos.

Na puberdade sucedem-se marcadas mudanças somatoinstintuais que se caracterizam por acontecer de maneira acelerada e drástica, produzindo uma defasagem entre sua inscrição e sua representação psíquica.

Falar de mudanças somatoinstintuais na puberdade é, em certo sentido, usar um termo que costuma gerar controvérsias no âmbito psicanalítico. Entretanto, a escolha desse termo não é por acaso, já que, em definitivo, resgata e destaca a noção de soma como fatual e concreta, que indica a existência de um corpo biológico, base de um corpo sensorial, erógeno, pulsional e imaginário não poderia estruturar-se se não fosse sobre essa base.

Portanto, partindo de uma relação indissociável entre psique e soma, destacamos a incidência do somático no psíquico, que leva a mudanças em nível subjetivo.

Quando os púberes tomam consciência de seu crescimento, manifestam a surpresa, produto do impacto que este produz frente ao inesperado do encontro e o registro desse corpo diferente ao infantil. A importante tarefa que tem o púbere por diante é que as mudanças físicas devem ser representadas psiquicamente. Representação essa que habilita a passagem do somático ao psíquico, em que a noção de corpo define a dimensão pulsional e psíquica do somático.

A partir da psicanálise, alguns autores (Aryan & Moguillansky, 2009; Pazos et al., 2007; Greenacre, 1960) consideram a puberdade traumática pelo impacto no psiquismo que produzem as mudanças físicas que não são acompanhadas de sua inscrição e representação psíquica. Em outros casos (Rother Hornstein, 1997), é descrita como traumática sobre a base da teoria freudiana do trauma estruturado em dois tempos: aquelas mudanças que sucedem na puberdade apenas podem ser interpretadas como uma reatualização do que não pode ser tramitado na infância. Essa leitura traz embutido o risco de não situar algo de um processo inovador.

Em resumo, considerar *a priori* a puberdade como traumática faz com que nosso olhar sobre o paciente tenha determinadas variáveis teóricas que incidem no modo de abordagem em nosso ofício. Se um evento foi traumático ou não, para um sujeito, apenas poderá ser desvelado no transcurso de um tratamento psicanalítico, a partir das manifestações psíquicas que se manifestem ao longo dele.

É por isso que o termo "situação traumática" não permite diferenciar adequadamente um componente da ordem do factual (a situação) do processo psíquico específico que leva à noção de trauma (Benyakar & Lezica, 2005).

Postulo a puberdade como um processo esperável do desenvolvimento *não traumático*, mesmo que possa sê-lo *potencialmente*. A defasagem que existe entre o crescimento corporal e o tempo requerido para sua representação psíquica não constitui necessariamente uma puberdade traumática – o que implicaria um processo metapsicologicamente diferente –, mas sim o considero um impacto disruptivo (Benyakar & Lezica, 2006; Maroño, 2016). Se englobamos todo impacto que comove o psiquismo sob o termo trauma, isso não permite outorgar-lhe especificidade, nem à situação, nem ao sujeito que a vive.

O conceito de disruptivo me permite dar conta de que as mudanças somatoinstintuais são um fato que impacta o psiquismo do púbere, provocando surpresa e estranhamento. O impacto disruptivo da puberdade, da ordem do factual, potencializa um processo psíquico específico da ordem do estranho. O disruptivo da puberdade e o fenômeno de estranhamento concomitante serão tramitados a partir do processo psíquico de metabolização.

No que diz respeito ao *traumático*,[1] reservo essa denominação para aqueles casos excepcionais na tramitação do impacto, nos quais se costuma observar que a capacidade elaborativa do sujeito se encontra impossibilitada, seja por determinantes edípicos, vicissitudes do narcisismo, capacidade limitada do Eu, algum transtorno relacionado aos vínculos primários, lutos não resolvidos ou situações reais ou fantasiadas de separação. Quero enfatizar que quando falha ou falta a capacidade de representação do somático e, consequentemente, não se alcança a reorganização da imagem corporal, desembocamos na impossibilidade de integração do somático em nível psíquico.

O processo de representação psíquica. O olhar em sua função subjetivante

O inesperado do encontro do púbere com um corpo diferente do infantil e que tem novas possibilidades funcionais produz efeitos

1 Benyakar e Lezica (2006) teorizam o trauma como uma desarticulação entre afeto e representação que, como já situamos, não necessariamente ocorre em todo cenário puberal.

intrapsíquicos desestabilizantes. Na infância, o crescimento é paulatino e permite ao psiquismo da criança acompanhar suas mudanças e ir representando-as.

Na puberdade, ao contrário, pelo caráter drástico e vertiginoso das mudanças somatoinstintuais, o psiquismo se vê obstaculizado no seu processamento paulatino e requer um tempo para sua elaboração. O púbere se assombra com uma imagem conhecida e desconhecida ao mesmo tempo. Nas palavras de Marisa Punta de Rodulfo, "o espelho não lhe devolve a imagem de criança que espera encontrar" (Punta de Rodulfo, 2005, p. 125), descrevendo essa discordância entre a percepção do próprio corpo e a representação psíquica que o púbere tem dele.

O encontro com um corpo diferente do infantil, a partir da percepção visual do próprio corpo, em um espelho, uma foto ou a partir da confrontação de sua imagem com um outro, descreve um momento, um instante, em que o púbere toma registro consciente das mudanças corporais, estabelecendo um antes e um depois. Produz-se um fenômeno de estranhamento que lança a imperiosa necessidade de inscrever esse corpo novo diferente do infantil. Aquilo que provém do somático deve inscrever-se (como inédito), porém também algo deve *re-presentar-se*: isto é, representar-se e voltar a apresentar-se a partir de inscrições prévias, descrevendo o permanente processo transformacional do psiquismo.

Esse processo transformacional será chamado por Aulagnier (1993) de "processo de metabolização", que postula a "absorção" de elementos homogêneos à estrutura do indivíduo ou seu rechaço se são heterogêneos. No trabalho psíquico de representação, o "elemento" heterogêneo ao psiquismo é metabolizado em um elemento de natureza homogênea a ele.

A metabolização psíquica é um processo que se desenvolve no inter-jogo entre os diferentes espaços psíquicos: Originário, Primário e Secundário (Aulagnier, 1993). Tais espaços se caracterizam por distintos postulados e qualidade de afetos relacionados a variadas qualidades de representações, presentes desde o começo da vida psíquica, com diferentes predominâncias.

O conceito de metabolização, diferentemente do de transformação, que, como efeito de transformar, faz mudar de forma alguém ou algo, preserva e engloba as características e qualidades de cada um dos espaços psíquicos. Ainda que predomine o postulado próprio de cada espaço, em cada um encontramos características dos outros espaços que já foram alcançados, mediante um movimento fluido, progrediente e regrediente.[2]

Aulagnier (2005) sustenta que, desde o começo, o Eu está "condenado a investir" os objetos e o mundo para evitar o risco do desinvestimento definitivo ou da ameaça de desaparição das representações psíquicas, produto do pensamento. Sem elas, o corpo, a realidade e o objeto não podem ter existência para o sujeito. Toda vez que o corpo, a ausência ou resposta inadequada do outro contradizem a concordância entre o objeto e seu representante psíquico, este último sofre a possível ameaça de um desinvestimento.

Freud (1925) afirma que o juízo tem duas posições a adotar: atribuir ou desatribuir uma propriedade a uma coisa (juízo de atribuição), e admitir ou impugnar a existência de uma representação na realidade (juízo de existência). O autor, ao descrever os "juízos de atribuição" como antecessores dos "juízos de existência", assinala um modo primário ou originário no qual o Eu-prazer se relaciona com o mundo. Não alude a um vínculo com o mundo de caráter absolutamente objetivo (factual), mas a uma relação que abre um mundo de sentido a alguém. Parafraseando Merleau-Ponty, teria que dizer que não é a coisa a que nos é dada, mas a experiência que temos dela interiormente (Ferme, 2012). A partir dessa premissa do investimento relacional, o olhar (Maroño, 2019) cumpre a função subjetivante, e isso responde

2 A rigidez desse movimento entre espaços psíquicos dá conta de uma detenção no processo psíquico e de indícios de uma possível patologia.

logicamente a que um sujeito necessita ser visto para ter existência, tanto para si mesmo como para o outro. O olhar permite que se amarre o interno-externo, isto é, se estabeleça a conjugação entre dois processos ou modos de percepção: um interno (espaço originário), resultado da percepção de sensações que vêm do próprio corpo, e outro (espaço primário) que descreve a percepção externa. É por isso que podemos dizer que na puberdade se leva a cabo um inter-jogo entre o novo (percepção externa da imagem, pela qual o púbere sente que as mudanças no corpo provêm de fora) e o conhecido interno (representação psíquica do corpo infantil). Entretanto, não se trata da imposição da percepção da imagem a partir de algo externo que se apresenta ao psiquismo, mas de um encontro que, para que ocorra (com o correspondente impacto), necessita da existência de um processo psíquico prévio.

Proponho afirmar que há um psiquismo "à espera" de ser impactado, em que preexistem sensações internas à percepção visual e que se encontram "à espera" de ser significadas.

Chamei essa proposta de "ordenamento escópico" (Maroño, 2022), na qual as percepções visuais habilitam uma ação – a comparação[3] – que dá lugar à experiência – aquilo que se repete sustentadamente no tempo – e colabora com o registro consciente das mudanças acontecidas, funcionando como organizadores psíquicos enquanto contribuem com a representação psíquica e, portanto, com a *re-organização* da imagem corporal.

Da puberdade à adolescência

A puberdade é um momento de mudança, de reestruturação do psiquismo, de ressignificação do passado e a antessala do trabalho adolescente.

---

3 *Comparar* é uma ação que implica confrontar um determinado fenômeno com outro, tendo ambos à vista. A ação de comparar ou confrontar permite ao púbere comparar a imagem interna com a externa, o parecido com o diferente, em um trabalho de metabolização e *re-presentação* psíquica.

Na puberdade está a imperiosa necessidade de investimento do próprio corpo, porque essa imagem que sabe própria é vivida como não familiar e leva consigo um fenômeno de estranhamento que vai comover todo o estabelecido. É claro que, frente a todo esse processo, o púbere é um sujeito *assombrado* por uma imagem conhecida, porém desconhecida ao mesmo tempo. Um sujeito *excedido*, dado que seu psiquismo necessita de um tempo para tramitar exitosamente, na melhor das hipóteses, o processamento psíquico de inscrição e representação psíquica das mudanças somatoinstintuais.

Além disso, seu pensamento já começa a reger-se sob a lógica do genital, portanto a possibilidade do incesto já é uma realidade concreta e viável, com uma sensação de *incerteza* por um corpo já adulto que o leva a ter que se distanciar das figuras parentais e sair a buscar novas figuras, abandonar o narcisismo infantil e consolidar uma nova identidade, entre outros trabalhos psíquicos.

Com o advento da adolescência, e para poder transitá-la satisfatoriamente, o antes púbere deve ter conseguido que a confrontação com o externo – diante do espelho, por exemplo – seja concordante com a representação psíquica que tem de si mesmo. O trabalho adolescente terá sustentação no trabalho puberal.

Na adolescência, diferentemente da puberdade, considero que os fenômenos estão mais relacionados com o entorno e com seus impactos sociais. Se a pergunta *prínceps* na puberdade é *Quem sou?*, na adolescência as perguntas que surgem são: *Quem quero ser?* e *Quem posso ser?*. Como vemos, trata-se de interrogantes que interpelam algo da ordem do ideal, com tudo o que isso implica em termos de uma renúncia definitiva àqueles ideais da infância, colocados em questão na puberdade.

Nos casos nos quais a puberdade não se transitou adequadamente, o trabalho adolescente se verá perturbado, produzindo problemáticas em relação aos desequilíbrios narcisistas e padecimentos relacionados com os ideais. Perguntas que aludem à construção e consolidação da identidade, em que há um corpo investido pelo discurso social, com modelos hegemônicos que perturbam a construção da identidade e a frustração por não cumprir com esses ideais.

A saída do sujeito ao social é precisamente um reposicionamento geracional, desde uma perspectiva intrapsíquica e intersubjetiva, que possibilita o encontro de novos objetos de ordem do mundo relacional não familiar. O adolescente deverá realizar todo um processo de historização e reescritura identitária a partir do qual ressignificará o discurso parental para poder forjar um próprio.

Nas palavras de Waserman (2011), o adolescente está "condenado a explorar" seu próprio corpo e o corpo do outro em um movimento que colabora com a representação psíquica do somático.

Precisa haver um *fazer em* e *com* o mundo e *com* o outro, dado que devem ser modificados sob novas coordenadas.

A experiência e essa "ação" sobre a realidade factual permitirão ao sujeito uma aprendizagem que "não é" sem esse mesmo *fazer*.

Nessa linha, a noção de experiência remete então a um processo que é efeito da participação em uma atividade que encerra o afetivo, o pensamento e o emocional que surge de cada um dos sentidos.

Por isso, encarna para o sujeito duas dimensões: uma ativa e outra passiva. Assim, *vivência*, *afeto*, *representação* e *experiência* se estruturam em uma permanente inter-relação entre o mundo interno e o externo, descrevendo a capacidade transformacional do psiquismo por meio da ação que enlaça o interno e o externo, facilitando uma reorganização da imagem corporal e, por conseguinte, uma função subjetivante.

Podemos divisar então a importância e o valor clínico que adquire uma leitura interpretativa desses fenômenos em um momento de transição tão importante como a adolescência. Os adolescentes deverão construir um projeto, com avanços e retrocessos, do que será sua construção identitária, assumir-se em seu desejo, no qual o vivido antecede o que está por viver e o mundo adulto.

Em um sentido pleno da palavra, o adolescente terá que poder colocar o pensamento e a palavra a serviço da reescritura e da historização.

Considerações finais

A clareza e a precisão dos conceitos do disruptivo, diferenciando-o de trauma, brindou-me (e pode brindar-nos) a possibilidade de um importante aporte na diferenciação diagnóstica e, portanto, em nossa clínica cotidiana.

A partir da puberdade como modelo, quero destacar e ressaltar que proponho um processo que, desde uma perspectiva inovadora, pode aplicar-se a *qualquer momento da vida que requeira uma reorganização da imagem corporal*, consequência do impacto de mudanças somatoinstintuais no psiquismo de um sujeito ao qual lhe impõem a tarefa de "onde houve soma, corpo deve advir".

O fenômeno do estranhamento, consequência do impacto com um corpo que é discordante da representação psíquica que se tem dele, nos permite descrever que, mesmo que o corpo se saiba próprio, ainda não é vivido como familiar e terá que ser metabolizado e representado psiquicamente para tornar-se próprio e familiar.

O púbere e o adolescente não realizam sozinhos esse trabalho, já que as figuras parentais e, em especial, o grupo de pares funcionam como outros espelhos em que se refletem e colaboram com o processo de metabolização. Apesar disso, não poderíamos jamais deixar de lado a função subjetivante do entorno social, embasamento da construção identitária de todo sujeito.

Ali onde falhe a integração psique-soma, este último ocupa o lugar de intruso perturbador, com toda a qualidade do sinistro. Por isso, podem apresentar-se diversas problemáticas psicossomáticas, transtornos narcisistas, delírios hipocondríacos, transtornos na alimentação, alucinações corporais, mutilações, psicoses e, inclusive, a possibilidade do suicídio. A falha no processo de metabolização conduz a um vazio representacional por meio do qual o soma fica cindido do psíquico, como algo externo, não próprio nem familiar, inclusive sinistro.

De fato, a coordenada primeira da puberdade é que o trabalho de metabolização do fenômeno de estranhamento possa finalmente propiciar a passagem da desordem somatoinstintual à inscrição e representação de um novo corpo, mais aprazível, menos doloroso e, sobretudo, mais próprio. A adolescência, por sua vez, será caminho, trajeto a construir e a reconstruir, sobre a base do processo puberal, para investir o futuro e alcançar a conquista de um novo mundo a partir de novos olhares.

Referências

Aryan, A., & Moguillansky, R. (2009). Aportes a la comprensión de la experiencia puberal. In *Clínica de adolescentes*. Teseo.

Aulagnier, P. (1993). *La violencia de la interpretación. Del pictograma al enunciado.* Amorrortu.

Aulagnier, P. (2005). Condenado a investir. In *Un intérprete en busca de sentido.* Siglo XXI Editores.

Benyakar, M., & Lezica, A. (2005). *Lo traumático. Clínica y paradoja.* T. 1 El proceso traumático. Biblos.

Benyakar, M., & Lezica, A. (2006). *Lo traumático. Clínica y paradoja.* T. 2. Biblos.

Ferme, F. (2012). *El modo de representar originario y la afectividad: Merleau-Ponty, Freud y Aulagnier.* IV Congreso Internacional de Investigación y Práctica Profesional en Psicología XIX Jornadas de Investigación VIII Encuentro de Investigadores en Psicología del MERCOSUR. Facultad de Psicología – Universidad de Buenos Aires.

Freud, S. (1925). La negación. In *Obras completas*. T. XIX. Amorrortu.

Greenacre, P. (1960). *Trauma, desarrollo y personalidad.* Ediciones Hormé (pp. 207-225).

Maroño, M. R. (2016). *Cualidades fácticas y psíquicas del proceso puberal en niñas.* Tesis Doctoral defendida y aprobada, Universidad del Salvador. https://racimo.usal.edu.ar/5457/.

Maroño, M. R. (2019). La importancia de la mirada en la pubertad femenina. *Intersecciones Psi. Revista Electrónica de la facultad de Psicología de la U.B.A.*, 9(32). http://intersecciones.psi.uba.ar/.

Maroño, C. (2022). *Un nuevo transitar ante el espejo. Vicisitudes del proceso puberal.* Editorial Letra Viva.

Pazos, M., Ulriksen, M., & Goodson, A. (2007). Construcción subjetiva y empuje puberal: crecer y ser. In *Comité de Adolescencia de la Sociedad Uruguaya de Pediatría* (pp. 107-111). Clínicas Pediátricas del Sur.

Punta de Rodulfo, M. (2005). *La clínica del niño y su interior. Un estudio en detalle.* Paidós.

Rother Hornstein, M. C. (1997). Trauma y síntoma: una exigencia de trabajo. In Punta de Rodulfo, M., & Gonzalez, N. (comp.). *La problemática del sintoma.* Paidós.

Waserman, M. (2011). *Condenados a explorar. Marchas y contramarchas del crecimiento en la adolescência.* Editorial NovEduc.

3. Particularidades da transicionalidade no processo adolescente

Mara L. Horta Barbosa

Não há como falar de transicionalidade sem falar em Winnicott. Esse é um conceito cunhado por ele, fundamental na constituição do psiquismo.

Winnicott é um psicanalista da terceira geração de psicanalistas pós-freudianos e representa uma das maiores contribuições para o paradigma objetal na psicanálise. Sua vivência inicial como pediatra, antes de se tornar psicanalista, e a longa experiência com mães e bebês, o levaram a uma visão bastante humanística do indivíduo, priorizando a autenticidade e a singularidade de cada ser humano.

Tem uma obra bastante original, e seu conceito de "transicionalidade" é o mais importante no que se refere à subjetivação do indivíduo, existindo como um fenômeno presente ao longo de toda a vida. Aqui vamos abordar a "transicionalidade" em sua relação com o adolescer.

Começamos revisitando Winnicott, que define o "espaço transicional" como o terceiro espaço psíquico a ser criado, além do espaço existente do mundo interno – o EU – e do espaço externo – o Não EU. Esse terceiro espaço é o lugar compartilhado entre esses dois mundos. Diz Winnicott (1953/1975) que é por meio do "espaço transicional" que o sujeito começa a perceber e se relacionar com a realidade, de modo autêntico e criativo.

É também o espaço do *paradoxo* , outro fenômeno muito presente na obra desse autor. Para Winnicott, o paradoxo no psiquismo é algo a ser respeitado, e não a ser resolvido (1953/1975), ou seja, no "espaço transicional" *não* há algo criado pelo mundo interno *ou* algo encontrado na realidade externa, mas sim *ambos*, o criado e o encontrado coabitando esse mesmo espaço. O objeto transicional é vivido pelo bebê como uma criação sua, dentro de sua ilusão de onipotência – o objeto criado –, ao mesmo tempo que percebe o objeto como vindo de fora, do mundo externo, não criado por ele – o objeto encontrado. É por meio desse espaço de "realidade compartilhada" que o bebê começa a abrir mão da onipotência absoluta e a perceber o mundo externo, de modo não invasivo e não traumático, sem ter que abrir mão de parte da espontaneidade.

Inicialmente Winnicott (1953/1975) pensa a transicionalidade como um fenômeno maturativo e defensivo do bebê, vinculado às angústias de separação, mas em seguida amplia esse conceito para uma dimensão subjetiva, o que chamou de *espaço transicional* ou *espaço potencial*, como a zona intermediária por meio da qual o sujeito se relaciona com a realidade, sem perder contato consigo mesmo, e em que se desenvolve a criatividade e a produção cultural do homem.

Quando Winnicott amplia o conceito de transicionalidade para a esfera subjetiva, expande o conceito para todos os cenários vividos pelo sujeito em todas as etapas da vida.

Por que a transicionalidade é tão importante na adolescência, assim como é também na vivência precoce do bebê?

Para Winnicott (2005), a adolescência é uma revivência, acrescida de novas dinâmicas, das fases anteriores que a criança viveu, sobretudo o bebê. É um novo começo quanto à adaptação ao ambiente e à realidade.

Golse (2013) observa que a vivência do bebê e a do adolescente têm aspectos muito similares, por exemplo:

- a intensidade pulsional vivida por ambos;
- a prevalência do narcisismo sobre a objetalidade;
- a prevalência da comunicação não verbal;
- a agressividade no sentido de testar a solidez do ambiente;
- as vivências no corpo (o lugar que ocupa o corpo); e
- a bissexualidade vivida pelo bebê e revivida na adolescência.

Nessa perspectiva da similaridade das vivências do bebê e do adolescente, assim como o bebê que, na fase de dependência absoluta, vivia a ilusão da onipotência, a criança, antes da adolescência, vive na ilusão onipotente de seu pensamento e numa relação de complementaridade narcísica com os pais (no período de latência). Com a chegada abrupta da puberdade, o púbere é colocado frente a mudanças repentinas vividas no próprio corpo, e terá que lidar com um montante pulsional que ainda não consegue representar.

Esse novo corpo mostrado pelo espelho funciona como algo "estranho", o "estranho/familiar" de Freud (2006 [1919]), portanto também assustador, que é vivido como algo que vem de fora (externo), um "não Eu", sobre o qual o indivíduo não tem nenhum controle. A visão desse novo corpo, sentido como uma realidade externa que invade e se impõe, acaba sendo traumática em maior ou menor grau, visto que a qualidade de traumático se dá pelo excesso pulsional que, nesse momento, ainda não encontra representação no psiquismo (Freud, 2006 [1920]) para que possa ser sentido como seu.

Soma-se a isso o fato de que a conscientização da diferença e da complementaridade dos sexos tira o púbere de uma lógica binária – ter ou não ter pênis – e o coloca numa lógica ternária (complexa). Nessa nova lógica, a busca da completude narcísica da unidade perdida se dá pela busca urgente e inconsciente do outro sexo, o sexo complementar, o que acaba por sexualizar todas as relações do adolescente (Botbol, 2013), que agora, além de tudo, tem maturidade sexual, estando aparelhado para o sexo e também contando com força física que o capacita para a agressividade. Está, portanto, novamente, frente à conflitiva edípica, e com uma nova potencialidade que lhe é assustadora, o que o obriga a propor e encarar uma nova separação dos pais.

Com o afastamento dos pais, as bases narcísicas do adolescente que eram conferidas por eles ficam empobrecidas. Nessa desacomodação narcísica, os limites do ego ficam borrados, e, para fugir dessa confusão interna, o adolescente investe na realidade externa, que parece ser, para ele, mais controlável que o caos interno que vive (Jeammet, 2009).

O afastamento dos pais exige uma reorganização narcísica, carregada de insegurança quanto aos próprios recursos internos. Em contrapartida, seguir a mesma relação de proximidade com eles ameaça seu narcisismo e sua autonomia.

Está então frente a um paradoxo, citado por Jeammet (2009), entre a angústia de abandono, com a perda da proteção dos pais oniscientes e onipotentes, e a angústia de intrusão ou invasão, que ameaça sua individuação. Esse é o *paradoxo central* vivido pelo adolescente – abandono ou intrusão. Quanto mais insegurança interna, mais sente ser dependente do entorno (meio familiar), e mais ameaçado em seu narcisismo e autonomia fica. Quanto mais dependente, menos consegue receber.

Fica no adolescente a pergunta: *como "alimentar-me" desses adultos que supostamente têm tudo o que preciso e que ainda não tenho, sem me tornar dependente deles?*

Manter a distância parece ser, para o adolescente, o meio mais controlável que tem para lidar com o próprio desejo de manter-se próximo, o que o ameaça narcisicamente.

A conduta de oposição também é uma maneira de sair do paradoxo, visto que por meio dela se apoia nos pais, ao mesmo tempo que nega precisar deles.

Quanto maior a fragilidade interna, maior a noção de dependência e mais medo de abandono ou de intrusão. Cria-se assim um modo de relacionar-se pela dominação, em que o adolescente tenta controlar o ambiente por meio de demandas impositivas jamais passíveis de se tornarem satisfeitas. Obriga o meio a cuidar dele, e ao mesmo tempo protege sua autonomia e narcisismo se opondo a tudo ao seu redor.

Há um espectro de destinos da conflitiva do paradoxo vivido pelo adolescente: alguns vão fazer de sua vulnerabilidade uma oportunidade de crescimento e retomada de vínculos de forma extremamente criativa, tendo vencido o colapso e a tentação de se entregar à destrutividade e ao ato.

Já outros lidam com o caos interno de modo a isolarem-se cada vez mais e a amputarem suas potencialidades, entregando-se à agressividade de modo masoquista ou sádico. A destrutividade é o avesso da criatividade (Jeammet, 2009); antes de sucumbir, resta-lhes destruir, e se nada mais há para ser destruído, autodestruírem-se.

Aqueles cujo ambiente é muito ausente ou empobrecido, e cuja fragilidade é muito grande, vão lidar com o paradoxo por meio de um superinvestimento no mundo externo e no próprio corpo com ferimentos autoinflingidos, tatuagens exageradas etc. ou pelo ato.

Freud (2006 [1920]) e vários autores, entre eles Winnicott, Ferenczi e Bion, colocam que o traumático e a subjetividade estão no âmbito da interação entre mundo interno e mundo externo. É nesse ponto que a transicionalidade de Winnicott ganha uma importância crucial.

O modo de entrar em contato com a realidade vai depender de como o adolescente e o seu entorno, assim como ocorre com o bebê na saída da dependência absoluta e entrada na dependência relativa, criam, recriam e respeitam a transicionalidade, o terceiro espaço, com seu paradoxo.

Benyakar (2000) diz, apoiando-se em Piera Aulagnier, que criar representação é transformar o que é sentido como não próprio (mundo externo) em próprio (mundo interno); isso requer um meio maternante suficientemente bom, não impositivo, que permita o terceiro espaço e o paradoxo, e em que "se é e não se é ao mesmo tempo", em termos winnicottianos. Em que também o que é sentido como "estranho" (externo) e "familiar" (interno) (Freud, 2006 [1919]) coabitam sem ameaça ou imposição, criando algo novo.

A possibilidade da haver transicionalidade vai determinar o desfecho criativo ou destrutivo do paradoxo vivido na adolescência. A postura do entorno é fundamental; é necessário encontrar uma distância relacional *ideal* (Jeammet, 2009), nem tão perto nem longe demais. Uma zona onde o paradoxo é respeitado, onde não se imponha a realidade e a presença do meio, e onde haja o compartilhamento com trocas afetivas, se possível prazerosas.

É o "fazer com" (Botbol, 2013), de modo não sexualizado e livre de conflitos, mas com limites bem estabelecidos e sem imposição, em que a espontaneidade possa se expressar.

O espaço transicional é o espaço da "capacidade de estar só" de maneira segura na presença de objeto (Winnicott, 1958/1983). Esse espaço funciona como "continente" ao narcisismo, não invasivo, permitindo que aos poucos o adolescente consiga cuidar de si, adquira confiança para viver em sua diferença abrindo mão da relação de dominação que visava proteger sua individualidade. Agora pode viver a diferença sem que esta lhe seja ameaçadora.

Além da questão narcísica, o adolescente precisa se haver também com a crise edipiana. Roussillon (2017) diz que é por meio da transicionalidade que ele vai, ou não, resolver a conflitiva edípica. Aponta que, se a criança consegue formar uma representação do objeto-casal adequada a ela, e isso só é conseguido no espaço transicional compartilhado com o casal parental real numa vivência prazerosa e não invasiva por eles, poderá fazer uso dessa representação de objeto-casal que construiu para ter a satisfação pulsional que deseja, abrindo mão do casal parental real para isso e evitando assim a angústia de castração. Consegue, então, ficar só na presença deles, presença essa que remete à cena primária, sem se sentir invadido, envergonhado ou culpado. Percebe que é no pensamento, e só no pensamento, por meio da representação de objeto-casal que construiu na transicionalidade, que vai ter a satisfação pulsional que deseja.

Roussillon expande essa lógica para todas as esferas da vida do adolescente, e uma vez que ele consiga criar e manter suas representações num espaço transicional compartilhado prazeroso com a realidade externa, onde não se sentiu invadido ou obrigado a se submeter, poderá se vincular de modo criativo.

Referências

Benyakar, M. (2000, maio). *Lo traumático y lo ominoso. Cuestionamentos teóricos-clínicos acerca del procesamiento de las amenazas.* Simpósio Preparatório de las Jornadas Trauma-Duelo-Cuerpo. A.P.A. Dept. de Ninõs Y Psicossomática.

Botbol, M. (2013). Psicopatologia da violência de adolescentes difíceis: no âmago de situações iniciadas precocemente. Psicanálise/*Revista da Sociedade Brasileira de Psicanálise de Porto Alegre*, *15*(1).

Freud, S. (2006 [1919]). O estranho. *Obras completas* (Vol. 17). Imago.

Freud, S. (2006 [1920]). Além do princípio do prazer. *Obras completas* (Vol. 18). Imago.

Golse, B. (2013). Psicoterapia do bebê e do adolescente: convergências. Psicanálise/*Revista da Sociedade Brasileira de Psicanálise de Porto Alegre*, *15*(1).

Jeammet, P. (2009). A adolescência hoje, entre liberdade e imposição. *Revista de Psicanálise da SPPA*, *16*(2).

Roussillon, R. (2017). A capacidade de estar só na presença do casal. *Revista Brasileira de Psicanálise*, *15*(2).

Winnicott, D. W. (1953/1975). Objetos transicionais e fenômenos transicionais. In *O brincar e a realidade*. Imago.

Winnicott, DW (1958/1983). A capacidade de estar só. In *O ambiente e os processos de maturação*. Imago.

Winnicott, D. W. (2005). *Privação e delinquência*. Martins Fontes.

4. A crise familiar no adolescer

Astrid Elisabeth Müller Ribeiro

No indivíduo que cresce, seu desprendimento da autoridade parental é uma das operações mais necessárias, mas também uma das mais dolorosas do desenvolvimento humano.

Freud, *Novela familiar dos neuróticos*, 1908

A formação de um conflito entre gerações e sua resolução são tarefas da adolescência, e sem isso acontecer não ocorreria nenhuma reestruturação psíquica no adolescente (Kancyper, 1999). O adolescer, portanto, é um momento de uma crise geradora de muitas angústias tanto para o jovem como para a família. É nessa etapa do desenvolvimento normal que se enfrenta uma crise vital, quando tudo se modifica, desde seu corpo desconhecido até o mundo, que lhe exige agora posturas antes não exigidas. Tudo parece muito estranho, como observa Freud no seu clássico texto de 1919 "O estranho" (1996c [1919]), quando refere ser o fenômeno do estranho aquela categoria do que nos é conhecido, tem algo muito familiar, mas ao mesmo tempo é estranho e assustador. Entretanto, nem tudo o que é novo e não familiar é tão assustador como são essas mudanças no corpo e mente do adolescente, se pensarmos no que acontece no sentir desse jovem ao se perceber como um estranho no seu próprio corpo que agora habita. Ao ter um novo corpo o adolescente se pergunta: eu sou uma outra pessoa? Quem sou eu agora? Até as pessoas com quem convive sofrem o impacto dessas mudanças físicas, sem saber mais como tratá-lo. Seria ainda cuidado como a criança que era até então ou agora como uma moça ou rapaz? Assim, esse corpo pode ser conhecido, mas ao mesmo tempo não reconhecido e, por isso, é muito assustador. O corpo é conhecido, mas é estranho, tanto para pais como filhos. Os pais também não o reconhecem mais. Quem é agora este filho?

Mais do que nunca, é primordial a presença dos pais nessa desafiadora passagem para a vida jovem-adulta, propiciando confiança para o seu desenvolvimento e proteção por meio de limites. Os modelos identificatórios constituídos na relação edípica com os pais ou substitutos representam alicerces para o desenvolvimento das funções egoicas, do ideal de ego e do superego.

Para Blos (1996), na adolescência, ocorre uma segunda separação-individuação, e esta dependerá de como transcorreu a primeira etapa do desenvolvimento infantil, a qual se sabe que exige uma forte constância objetal, necessária para a internalização do objeto e para a futura disponibilidade dos pais para suportar e permitir a separação, diferenciação e individuação do filho.

Trachtenberg (2004) afirma que existem vários momentos dolorosos em nosso ciclo vital e destaca dois deles: o de "hospitalidade" ao receber e acolher um outro na relação do casal, como o nascimento de um filho, que impõe dores e renúncias; e o de "partição", a partida de um filho que se acolheu e que agora terá que ter uma vida própria, definida e diferenciada da que tinham pais e filhos na convivência familiar. Isso implica novas renúncias para todos.

O afastamento necessário do adolescente em relação às ideias e opiniões dos pais cria um ambiente de ameaça, frustação e inutilidade nos pais. Assim, todos os envolvidos nesse processo – pais e filhos – precisam elaborar o luto decorrente daí.

O adolescer e a adolescência dos pais

Nesta etapa de lutos, todos perdem algo, tanto filhos como pais. Os pais sentem angústias na reativação e ressignificação das suas próprias angústias e conflitos já vividos em suas adolescências e na relação edípica com seus pais. Também esta etapa coincide com o florescimento da exuberância sexual do adolescente e com o declínio da juventude dos pais. Acontecem por vezes em ambos a menopausa na mulher e a diminuição da potência sexual masculina, levando-os a depararem-se com a constatação de sua finitude, agora mais evidente frente ao crescimento dos filhos. Mobilizam-se assim defesas frente às feridas narcísicas, com possível queda da autoestima, que pode dificultar a empatia e a relação entre pais e filhos. Ilustro esses possíveis conflitos geracionais dramatizados em dois entre os quatro casos que escolhi do filme *Ken Park* (2002), em que é apresentada a história de quatro adolescentes e seus dramas vividos na relação com seus pais.

Claude é um garoto (16 anos) tranquilo que adora andar de *skate*, filho único, pai alcoolista, mãe obesa grávida aos 40 anos. A cena se inicia com o jovem observando seu pai praticando levantamento de peso. Claude passa a auxiliá-lo segurando os alteres. O pai desafia o filho para também fazer o exercício, alegando que foi por seus músculos fortes, que exibe ao filho, que conquistou sua mãe. O garoto sorri e agradece. Então o pai o questiona se ele transa com garotos, afirmando que ele é magro e esquelético e que se veste muito mal, com bermudas caídas, aparecendo as cuecas. Refere que sua mãe também acha que ele é bicha. O pai então retoma os exercícios com pesos e vaidosamente fica se admirando no espelho trincado em que, ao fundo, aparece refletida a imagem triste de Claude, observando-o. Depois, em outra cena, aparece Claude rindo e brincando, cortando as unhas dos pés de sua mãe, que, com a barriga grande grávida, não os alcança. Enquanto isso o pai bebe e observa o filho, que agora está andando de *skate*. De repente surge o pai tomando o *skate* do filho, e sem falar nada o quebra pelo meio, depois dizendo: "Você só sabe fazer isto!". O filho o olha e sem palavras passa a agredir o pai fisicamente, e o pai a ele. Claude sai; o pai fica passando a mão na cabeça e senta-se pesaroso. Depois, em outra cena, aparecem os pais bebendo e fumando. Quando o pai pergunta o que devem fazer com o filho, questionando se não o deveriam o mandar embora, pois ele não o suporta mais, a mãe diz que não concorda por ele ser muito sensível. O pai acaricia a barriga da esposa e diz que não suporta Claude ser parecido com ela e que gostaria que o bebê fosse parecido com ele.

Shawn, um outro jovem de 16 anos, aparece de *skate* em direção à casa de sua namorada. Ao chegar lá, não pergunta pela namorada e sobe a escada em direção ao quarto de sua linda e sedutora sogra. Naturalmente passam a transar, e depois Shawn diz que sente ciúmes de pensar nela transando com o marido. A sogra então diz a ele que sua filha e ele formam um casal muito bonito. Ao final aparece toda a família reunida almoçando com pais, filhos e o namorado.

Nesses dois casos apresentados podemos ilustrar o que ocorre quando os pais não conseguem abandonar sua adolescência e estão feridos em seu próprio narcisismo, não conseguindo verdadeiramente ter um olhar aos filhos, apenas olhando para si mesmos e ao que estão perdendo, manifestando uma evidente competição com eles. Enfrentam a revivência de seu próprio conflito edípico ativada frente às profundas transformações dos filhos, muitas vezes sendo esse retorno manifesto com violência devido às fantasias recalcadas e à reativação dos mecanismos colocados em jogo em sua própria vivência na adolescência.

Muitos pais, em conflito com sua finitude e perda da potência, não conseguem exercer sua função paterna tão necessária e confundem os papéis. Sofrem essa perda como uma ferida narcísica.

Esse drama evolutivo é considerado um dos grandes desafios do ser humano, como está bem simbolizado pela mitologia no diálogo apresentado no "enigma da esfinge" em Édipo: "O que é que de manhã tem quatro patas, de tarde tem duas e de noite tem três?". Édipo é quem respondeu à questão e derrotou a Esfinge. Respondeu que seria o ser humano: "Ele engatinha quando criança, caminha quando adulto e precisa de bengala quando envelhece".

Édipo, assim, estaria diante do seguinte desafio: como pode o filho do rei se tornar rei e ocupar o lugar do pai sem se chocar com ele ou matá-lo?

Por meio desse mito apresentado revelam-se muitas questões envolvidas nessa etapa como grandes geradoras das angústias relacionadas com questões relativas ao *poder* na *Confrontação de gerações*, conforme apresenta Kancyper (1999) em seu livro com esse mesmo título. Um filho coloca em movimento aspectos do narcisismo de cada um dos pais por lembranças, identificações e fantasias de suas relações objetais com seus próprios pais.

É possível entender esses abalos narcísicos como presentes na fase narcísica do Complexo de Édipo, apresentado por Haydée Faimberg (2001) em sua revisão do mito na perspectiva de que Laio já declarava, antes de ser pai, que não teria filhos, para que não se cumprisse a profecia do oráculo de que, se tivesse um filho homem, este o mataria. Assim, Laio tinha uma decisão filicida antes do nascimento de Édipo, que foi abandonado ao nascer.

Ana Rosa Chait Trachtenberg (2004) assinala que é muito significativo que Laio tenha tentado matar o filho em seu primeiro encontro com Édipo ainda bebê, abandonando-o sozinho à sorte, e que em seu segundo encontro no estreito desfiladeiro em que só havia passagem para um deles (um velho e um adolescente), Laio o tente empurrar para o desfiladeiro, quando então é morto por Édipo.

Essa representação desempenha, segundo Trachtenberg, um papel importante no cumprimento da predição do oráculo, no mito, pois ambos poderiam ter suspeitado ou respeitado as suas respectivas posições geracionais e mudado o destino. Poderíamos então perguntar:

de que Édipo falamos? De Laio ou de Édipo? Laio querendo acabar com um jovem empurrando-o e Édipo não deixando um idoso ter a preferência e passar primeiro?

Faimberg afirma que não seria a questão do complexo de um ou de outro, mas questiona sobre quais diferenças há entre um "pai narcísico" e um "pai edípico".

Para Faimberg, Laio é o protótipo de um pai narcisista, assim como penso ser o pai de Claude ilustrado pelo filme. Ela entende que no pai narcísico existe um único espaço psíquico e um só objeto de amor e de ódio, que é ele próprio. O pai edípico proíbe apenas uma mulher específica e o libera para as demais. Assim, Faimberg fala em configuração edípica ao pensar não somente nos pais narcisistas como produto dos desejos parricidas dos filhos, mas também considera os aspectos da relação filicida dos pais com seus filhos.

A pré-história de uma criança se inicia, assim, na história individual de cada um dos pais, como o tipo de cuidado parental que tiveram e as identificações feitas na infância e que influenciam/determinam o exercício da parentalidade que terão com seus filhos depois.

O amor parental para Faimberg é pensado como o retorno do narcisismo dos pais. Assim, isso define o lugar que o filho ocupará no psiquismo dos pais – uma função reparadora, como forma de suturar as feridas narcísicas de seus próprios pais. Muitos sintomas da criança ou do adolescente têm a marca da problemática parental. E muitos conflitos são dessa ordem, na ordem narcísica, quando o filho ainda não é percebido como um Outro indivíduo, mas apenas como seu próprio fruto, ou sua extensão.

Marucco (1999) salienta que na crise da adolescência dos filhos se cristaliza uma ruptura geracional, que sofre os efeitos do Complexo de Édipo, e que isso incluirá a temática do narcisismo não somente no intrassubjetivo, senão também no intersubjetivo – o narcisismo dos pais frente ao crescimento dos filhos e o narcisismo da cultura com suas imposições ideais frente à família.

Quando no vínculo entre pais e filhos prevalecem relações do tipo narcisista – quando o outro não é considerado diferente e nem separado –, a alteridade é negada para manter o poder onipotente, impedindo-se a manifestação do ódio e da agressão – suprimindo as condições necessárias para que se instale a tensão entre opostos –, como apresenta Kancyper no confronto geracional, o qual possibilita a discriminação e a diferenciação necessária ao adolescente em seu desenvolvimento normal.

Nas condições de negação das conflitivas edípicas existe uma tentativa de anulação das diferenças geracionais, impedindo a experiência da rivalidade edípica, de modo que o pai não consegue exercer sua função paterna.

Como exemplo, as palavras de um adolescente: "Eu não quero um pai-irmão bem legal. Ele parece estar competindo comigo na roupa, cabelo, esportes e até com as gírias, parece um garotão".

O adolescente precisa não só de um modelo auxiliar, mas de alguém que o possa situar como um rival não imortal. Importante condição de presença de alteridade, nem fraca nem arbitrária, possibilitando a tensão da diferença entre opostos, mas que não equivale a inimigo.

Pais que não aceitam essa tensão/conflito entre opostos tendem a querer poupar os filhos dos desprazeres da vida, com presença excessiva, generosidade incondicional, controle onipotente sobre os filhos, fazendo tudo. Também evitam a necessária confrontação, conflito e diferenciação.

Exemplo: "Minha mãe continua sendo um trator de rodas gigantes que vem arrumar todos os caminhos. Mas agora ela me sufoca com sua excessiva bondade e seu controle do que faço. Ela quem determina tudo que eu devo fazer". Essa adolescente é uma compradora compulsiva de sapatos. Muitas vezes essa é uma via aditiva para aliviar a culpa de pais sufocadores.

David Levisky (1998), em seu artigo "A crise dos pais na adolescência dos filhos", considera relevante a mobilização narcísica dos pais nessa etapa diante da conscientização da irreversibilidade do tempo e da perda da função parental infantil, um processo dialético-ambivalente entre o desejo de ver os filhos crescidos e independentes *versus* a perda dos filhos da infância, ou seja, entre orgulho pelo corpo ou suas habilidades físicas e mentais, em contrapartida a inveja e ciúmes.

Entende Levisky que há pais que se espelham nos filhos e que preservam a juventude adolescente como uma forma de identificação narcisista a fim de negar a passagem do tempo. Muitos pais se sentem "assassinados" pela exuberância dos filhos e por sua independência paterna.

E como poderíamos pensar em quais são as consequências dessas dificuldades dos pais para o adolescente? Penso que as demandas paternas envolvem um trabalho psíquico adicional para o adolescente frente às suas próprias nessa etapa: o de enfrentar, além do conflito no luto pela perda do seu mundo infantil, no seu processo de identificação e desidentificação, a busca por acomodar dentro de si mesmo também as demandas paternas que muito o exigem na construção de seu amor-próprio.

Exemplo de um diálogo entre pai e filho nessa etapa:

Pai: *Você tem que ser como eu, um trabalhador dedicado e bem-sucedido.*

Filho: *Eu quero ser qualquer coisa, menos como você, um cara que só pensa em trabalhar, estando sempre de mau humor por isso.*

Levisky entende essa *recusa* natural do jovem frente à tese parental como um primeiro movimento para conseguir realizar o processo de separação-individuação, buscando realizar o trabalho psíquico de se desfazer do que até então tomou do objeto-pais na introjeção desde o início do seu desenvolvimento. Para se desidentificar, tem que fazer um segundo movimento, de *antítese*, um tipo de autonomia diferente, segundo Levisky, frente ao que antes era tão idealizado e admirado nos pais. E propõe um terceiro movimento, de *síntese*, como um novo reordenamento identificatório a partir da confrontação geracional. Esse processo não acontecerá se os pais estiverem aprisionados em seus conflitos narcísicos não resolvidos.

Para encerrar, ilustro o processo da crise familiar diante do crescimento dos filhos com a poesia de Kalil Gibran (1923):

> *Teus filhos não são teus filhos*
> *São filhos e filhas da vida andando por si própria*
> *Vêm através de ti, mas não de ti, e embora estejam contigo, a ti não pertencem*
> *Podes lhes dar amor, mas não teus pensamentos, pois têm seus pensamentos próprios.*
> *Podes abrigar seus corpos, mas não suas almas. Pois suas almas residem na casa do amanhã e que não podes visitar sequer em sonho*
> *Podes te esforçar por te parecer com eles, mas não procurais fazê-los semelhantes a ti, pois a vida não recua, não se retarda no ontem.*
> *Tu és o arco do qual teus filhos, como flechas vivas, são disparados. Que tua inclinação na mão do Arqueiro seja tua alegria.*

Referências

Blos, P. (1996). *Transição adolescente.* Artes Médicas.

Faimberg, H. (2001). *Gerações: mal-entendidos e verdades históricas.* Criação Humana.

Freud, S. (1996a [1905]). Três ensaios sobre a sexualidade infantil. In *Edição* standard *brasileira das obras psicológicas completas de Sigmund Freud* (Vol. 7). Imago.

Freud, S. (1996b [1909]). Romance familiar dos neuróticos. In *Edição* standard *brasileira das obras psicológicas completas de Sigmund Freud* (Vol. 9). Imago.

Freud, S. (1996c [1919]). O estranho. In *Edição* standard *brasileira das obras psicológicas completas de Sigmund Freud* (Vol. 17). Imago.

Freud, S. (1996d [1924]). A dissolução do Complexo de Édipo. In *Edição* standard *brasileira das obras psicológicas completas de Sigmund Freud* (Vol. 19). Imago.

Gibram, K. (1923). *O profeta. Sobre os filhos*. Mantra.

Kancyper, L. (1999). *Confrontação de gerações*. Casa do Psicólogo.

Levisky, D. (1998). A crise dos pais na adolescência dos filhos. In D. Levisky, *Adolescência: reflexões psicanalíticas*. Casa do Psicólogo.

Marucco, N. (1999). *Cura analítica y transferência: de la represión a la desmentida*. Amorrortu.

Sófocles (1970). *Édipo Rei, Édipo em Colono, Antígona*. Zahar.

Trachtenberg, A. R. C. (2004). Édipo: configuração e complexo: um adolescente no desfiladeiro. *Psicanálise – Revista da Sociedade Brasileira de Psicanálise de Porto Alegre*, *6*(1), 183-192.

5. Como sofre o adolescente

Caroline Milman

A primeira questão que se coloca é: de que adolescente estamos falando? Estamos tratando do campo da normalidade ou do campo da patologia? Por tratar este livro de uma atualização da adolescência, vamos focar mais no campo da normalidade. E aí entra outra questão: o que podemos falar sobre a adolescência de um modo geral, como fase de vida e que lida com questões que, apesar das mudanças culturais e de épocas, seguem as mesmas, e o que é da ordem do contemporâneo? Procuraremos abordar essas duas dimensões.

Antes de tudo, é preciso que se fale um pouco sobre o sofrimento. Na psicanálise essa palavra tem todo um sentido e é amplamente utilizada para muitas situações, tanto normais como patológicas, com suas nuances e graduações. É comum falarmos em "evitar o sofrimento", defesas para não sofrer. O sofrimento pode ser visto como a primeira reação emocional diante de uma falta, a primeira fome, por exemplo, a primeira vez em que o bebê sente que precisa de algo. Freud (1987 [1895]), tentando articular uma explicação sobre as origens do psiquismo em seu "Projeto para uma psicologia científica", entende que, embora o sofrimento seja necessário, ele deve ser experimentado em níveis mínimos, permitindo que o bebê possa recolher seus registros de memória e investir neles, compensando a ausência por um tempo limitado. Winnicott (1993 [1945]) referiu-se a esse mesmo processo em outras palavras. O bebê é capaz de tolerar a espera por "X" tempo. Se esse tempo ultrapassar a capacidade de tolerância do bebê (X + Y), há um dano psíquico. Portanto, falar em sofrimento sempre requer falar também na construção dos recursos psíquicos para lidar com ele. Sofrimento é o termo geral, e muitos sentimentos podem significar sofrimento: aflição, angústia, preocupação, tormento, agonia, ansiedade, tristeza, martírio, dor psíquica, pesar, entre outros. Há um espectro que vai desde uma leve aflição até a agonia, o martírio. Sempre que aparece menção a um sofrimento, só essa menção não basta. É preciso saber o que se faz ou se fez com o sofrimento. Sofrer pode indicar amadurecimento e pode indicar um sintoma. Precisa ser avaliado caso a caso. O mais importante para o objetivo deste capítulo é falar em algo que pode parecer estranho em um primeiro momento: a capacidade para sofrer. O grande objetivo do desenvolvimento psíquico é a construção de um ego forte o suficiente para enfrentar o sofrimento, quando vier. Quando Melanie Klein (1981 [1940]) postulou a posição depressiva, era justamente disto que estava falando: de um nível de desenvolvimento que alcança a capacidade de enfrentar sentimentos de luto, remorso, culpa etc. Se um ego é capaz de enfrentar esses sentimentos sem cindir, sem romper suas bordas, é porque um bom nível de integração foi atingido. Antes disso, o ego está ainda pouco integrado ou muito frágil, e os tormentos psíquicos são evitados com mecanismos de defesa primitivos, como negação, cisão e mecanismos projetivos. Portanto, quando perguntamos como sofre o adolescente, primeiro temos que nos perguntar se ele é capaz de sofrer. Há muitos motivos para que a fase da adolescência, além de trazer a vitalidade do novo, também traga perdas, ansiedades e medos típicos dessa etapa. Se o adolescente é capaz de sofrer, é porque tem na sua base uma estruturação emocional sólida. Completou as primeiras etapas do desenvolvimento. Escrevi um trabalho (Milman, 2023) que trata justamente da dificuldade de entrar na adolescência com base em três vinhetas clínicas de meninas na etapa puberal. As três tinham mais ou menos a mesma idade quando chegaram a tratamento e apresentavam sintomas parecidos: depressão, ansiedade, sentimentos de vazio, automutilações e dificuldades de socialização. A evolução dos casos dependeu basicamente da estruturação emocional de base. A paciente que tinha uma estruturação emocional mais sólida estava atrapalhada na entrada da adolescência porque iria voltar para as aulas presenciais depois da pandemia de covid-19. No período de isolamento havia mudado seu estilo, estava mais alternativa e tinha medo de não ter amigos ao voltar para a escola. O caso evoluiu bem e rapidamente. Outro caso era uma púbere que havia tido um ambiente muito instável na sua chegada ao mundo. As sequelas emocionais que essa paciente teve desses primeiros tempos puderam ser trabalhadas pela mãe, agora mais organizada e que se entregou ao tratamento da filha, promovendo todas as adaptações necessárias e acolhendo suas regressões. Foi possível de certa forma restaurar aspectos emocionais não integrados e não elaborados desses primeiros tempos, e a paciente acabou conseguindo entrar na adolescência e viver as questões típicas. O terceiro caso vem de uma longa história de traumas e desacertos familiares. Seus pais eram muito infantis, com dificuldades para exercer a parentalidade de modo firme e seguro. A menina apresentava sintomas desde a infância que se agravaram na entrada da adolescência. Houve pouca resposta ao tratamento analítico, porque os níveis de cisão da paciente eram muito significativos e os pais não aceitavam uma participação mais intensa no tratamento da filha.

Procurei exemplificar, com essas vinhetas, que avaliar o nível de sintomas/sofrimento só é valido se também avaliarmos a capacidade egoica de enfrentá-los. É como falarmos de um trauma. Se falamos que alguém passou por uma situação traumática, por pior que seja a história do trauma, deve-se sempre pensar na segunda parte da questão: como esse trauma foi elaborado, ou se chegou a ser elaborado. Que recursos existiram para que essa pessoa pudesse processar a experiência traumática. Um trauma só se torna realmente um registro traumático se não houver processamento da experiência. Agora, portanto, podemos voltar à pergunta – como sofre o adolescente?

O sofrer da adolescência

Aberastury e Knobel (1989), em seu livro *Adolescência normal: um enfoque psicanalítico*, assinalam uma série de lutos que o adolescente precisa atravessar. Com o passar dos anos, houve uma certa crítica a esse modelo de lutos, como se os autores ali estivessem deixando de lado toda a potência do novo, dos ganhos e de tudo o que vem a somar na vida de um adolescente. Penso que as duas situações estão presentes em interação recíproca. Se predominar a perda, algo não está se passando bem, mas também é necessário, ao recebermos adolescentes, termos presente que há sim uma série de perdas ou reorganizações que visam substituir um nível de funcionamento por outro. Ainda que não se observe claramente esses fenômenos como perdas, no caminho da transição adolescente é necessário que vão ficando para trás o corpo infantil, os pais da infância e a identidade infantil. Mariano Horenstein (2019) comparou o adolescente a um equilibrista na corda bamba que precisa partir de um ponto para chegar a outro. Nessa jornada ou transição adolescente é necessária uma boa dose de coragem e disposição a assumir riscos, o que um adolescente normal costuma conseguir. Ele é impelido para a corda bamba: um caminho pessoal e intransferível. Para que esse percurso se inicie, é necessário que os adultos consigam permanecer na plateia, ainda que temerosos. Esse é um caminho solitário. Cada adolescente vai fazendo sua metamorfose, criando estratégias, pois as antigas não funcionam mais. Enquanto as novas estão sendo criadas e as antigas já não servem mais, há um período de vazio e incerteza que o adolescente de boa base emocional deve conseguir enfrentar. Para dar início a essa transição, eventos bastante ruidosos precisam acontecer. Os adolescentes devem deixar para trás os pais da infância, precisam enfrentá-los, opor-se, recusar o lugar infantil, mas os pais, por sua vez, precisam seguir ocupando o seu lugar de pais, sabendo que seus filhos ainda são imaturos. Winnicott (1999 [1968]) escreveu sobre isso num artigo chamado "A imaturidade do adolescente". Ali ele alerta para os riscos de um adolescente, no confronto com os pais, ganhar muito facilmente a batalha. Isso não significa que os pais devam atrapalhar a autonomia do filho, serem invasivos ou infantilizadores. Estamos falando de um delicado equilíbrio nessa relação em que o adolescente precisa matar os pais na fantasia, mas estes devem sobreviver. Se assim não for, o adolescente sentirá que tem um poder supremo, e essas sensações fazem com que se criem pequenos ditadores. A culpa fará com que precisem sofrer retaliações e punições. Dificilmente sairão adolescentes criativos dessa conjunção de fatores. A capacidade de criar tem estreita ligação com uma vida instintiva não ameaçadora. Matar simbolicamente ou na fantasia faz com que seja possível usar os instintos para criar e viver uma vida rica em experiências verdadeiras: uma vida que pode se utilizar da carga instintiva sem medo das consequências, com segurança e liberdade. Às vezes, para ter certeza de que os adultos sobrevivem à carga instintiva, que, como sabemos, tem um incremento na adolescência, é necessário testar esses limites. Pais que acusam o golpe, que se desestabilizam, que perdem a cabeça ou que simplesmente abandonam a batalha dificultam para o adolescente que ele siga na corda bamba da travessia, porque ali ele precisa estar suficientemente confiante da retaguarda para poder correr o risco que é jogar-se no mundo desconhecido. Se houver dúvida com relação a isso, muitos pularão essa etapa. Ou virarão adultos antes do tempo ou seguirão no mundo infantil. As duas situações carregam um potencial de adoecimento psíquico e promovem enormes doses de sofrimento. Há, entretanto, o sofrimento que focamos aqui, o da adolescência normal, que é aquele experimentado durante a travessia e que está ligado ao desconhecido, ao risco, à incerteza, à confusão, enfim, à precariedade da transição da infância para os anos de adultez. Justamente por ser esse um caminho solitário é que o grupo de amigos torna-se tão essencial nessa etapa. Estão todos no mesmo barco. Cada um ao seu modo ganha um corpo próprio, o qual não é escolhido por ele, tem que administrar os impulsos sexuais que afloram num corpo agora sexualmente maduro, precisa aprender quem é e quem deve ser ou quem pode ser, precisa conquistar um lugar no mundo, conseguir alguém para se relacionar eroticamente e amorosamente. O sofrimento que envolve a transição é tanto, que a relação entre amigos serve como um grande alívio. O grupo é o substituto dos objetos parentais. A transição é individual, mas todos estão fazendo a sua. No grupo, o adolescente sente que tem um lugar, sente-se forte e seguro nas fronteiras do grupo para fazer suas experiências e tentativas. Em contrapartida, se algo dá errado nessa questão grupal, se o adolescente não consegue ter amigos ou é excluído do grupo, ou está com uma presença frágil no grupo, estamos diante de uma das maiores fontes de sofrimento para o adolescente que está na travessia. Perder os amigos remete a um total desamparo, porque o adolescente já iniciou seu caminho para fora do mundo infantil, não há mais como voltar. Perdendo os amigos, ele fica no completo vazio. Winnicott (1975) refere que, na psicoterapia infantil, quando chega uma criança que não brinca, a primeira tarefa é ajudá-la a poder brincar. Eu diria que se um adolescente não tem amigos, a primeira tarefa é ajudá-lo a poder ter. Situações de *bullying* são realmente muito sérias. Precisamos avaliar por que aquele adolescente ou pré-adolescente está precisando ocupar esse lugar, afinal, como psicanalistas, sabemos que não é por nada que alguns são alvo de *bullying* e outros não. Assim como alguns conseguem sair e reconfigurar estratégias e outros não, passando anos pelo tormento de serem massacrados pelo grupo. Mas enquanto se busca a compreensão (isso quando é revelada a existência de um *bullying*), minha opinião é de que se deve o quanto antes proporcionar que as amizades se reconstituam ou se constituam, mesmo que em outros ambientes.

O sofrimento do adolescente contemporâneo

Cada período da história tem suas próprias questões ligadas ao momento sociocultural. Até o final do século XIX, a adolescência nem era bem delimitada como uma fase específica do desenvolvimento, estando os jovens sujeitos às mesmas responsabilidades e expectativas dirigidas a adultos. Podemos considerar que os jovens estiveram sujeitos a pressões particulares de cada época, por exemplo, as pressões religiosas e submissões a casamentos arranjados, com consequente frustração dos eventuais amores não consumados. Também as guerras e conflitos militares que, quando existem, sempre afetam predominantemente os jovens, que vão para o confronto na linha de frente. Mas, em síntese, podemos dizer que uma marca fundamental que define a contemporaneidade em relação a épocas anteriores é o que Bauman (2001) denominou "realidade líquida". A realidade líquida denota um modelo mais fluido, com perda de estruturas sólidas. A sociedade anteriormente era estruturada com base em parâmetros e regras fixas e rígidas, o patriarcado, as normas religiosas, os modelos educacionais, as forças repressoras, toda uma concepção que sujeitava os indivíduos a adaptar-se ao modelo preestabelecido. Essa sociedade produziu suas próprias reações emocionais, sintomas e doenças. A psicanálise surgiu imersa nesse contexto, e em seu método de tratamento buscava justamente trabalhar com a ideia de promover liberdade de pensar e falar, para o alívio dos sintomas neuróticos. Na sociedade líquida contemporânea, os laços são mais voláteis, os parâmetros são menos rígidos e passíveis de mudanças. O patriarcado declina, as relações se horizontalizam. Os métodos para educar filhos, antes não sujeitos a questionamento, hoje são alvos de inseguranças e dúvidas. Questiona-se se deve haver determinadas regras, o momento de aplicá-las, o que fazer frente ao não cumprimento delas etc. O fato é que esse modelo social também tem criado seus próprios sofrimentos. Não estamos aqui estabelecendo um juízo qualitativo sobre qual época seria melhor ou pior que a outra. Estamos dizendo que cada modelo social traz seus próprios avanços e consequências. A dialética, a ambivalência e o paradoxo estão e estarão sempre presentes quando se fala em natureza humana. Julio Moreno (Lucas, 2017) comenta que não é que não haja mais regras, nem que elas não sejam mais necessárias, mas criaram-se outros lugares, outras normas. Não há somente uma verdade, um normal. Existem vários normais coexistindo. Se o atual modelo, por um lado, relativiza o padrão normativo único e coloca um panorama de liberdade, por outro lado, e aí entrariam alguns dos sofrimentos atuais, a demanda de que cada um tenha que buscar seu próprio sentido de existir, seu próprio eu, gera uma espécie de contradição que pode se tornar confusa. O espaço livre cancela a efetividade do normativo. A norma reprime a singularidade, mas coloca um parâmetro. A fluidez da norma auxilia a emergência dos processos de subjetivação, porém nesse caminho, e aí entram os adolescentes, há toda uma busca por encontrar uma identidade própria, algo com que se identificar, surgindo grandes angústias ligadas ao sentimento de si mesmo, de existir, de ser alguém, de lidar com o imprevisível. São esses hoje os principais sofrimentos em nossa clínica, uma clínica dos processos de subjetivação. O afrouxamento das regras amplia as possibilidades das diferentes manifestações subjetivas, com a diversidade sendo aceita, as diferentes formas de manifestação da sexualidade encontrando seu lugar, e isso é considerado um avanço no que se refere ao respeito pela condição de singularidade humana. No que se refere à adolescência, que por si só já é uma etapa em que há toda uma desconstrução das normas que regiam o mundo infantil, essa liberdade normativa paradoxalmente pode trazer, como já mencionamos, algumas consequências. O adolescente precisa, na busca para chegar à sua identidade própria, confrontar-se e opor-se às regras vigentes. Não encontrando uma lei maior contra a qual um grupo de adolescentes possa se confrontar em conjunto, uma espécie de inimigo comum, o próprio grupo de adolescentes trata de estabelecer as regras e as leis. Essa é uma situação para estarmos atentos, pois dos adolescentes não é esperado que criem as leis, nem que trabalhem pelo cumprimento delas. Disso resultam muitas vezes pactos quase bizarros entre eles. Uma informação que recebi há pouco, por exemplo, dá conta de que uma adolescente de 15 anos passou a manhã inteira chorando no banheiro da escola porque tinha ido para a aula naquele dia sem maquiagem. Na falta de uma regra externa ao grupo de adolescentes, eles próprios se normatizam de uma forma implacável, típica da imaturidade. Fenômenos de *bullying* sempre existiram, não é exatamente a isso que me refiro aqui. Os grupos adolescentes tomam como alvo aquela pessoa mais frágil, que se defende mal, e organizam um esquema cruel contra ela. Na minha opinião, isso pode ter uma origem biológica, de preservação da espécie. O grupo precisa que todos sejam fortes e saibam se defender. Mas isso é assunto para outro espaço. Aqui me refiro a um enorme paradoxo que vivemos hoje e ao qual os adolescentes estão submetidos. As normas, por um lado, nunca foram tão fluidas, e, por outro, os grupos estão cada vez mais aderidos a uma unificação. Como já falamos anteriormente, o grupo de amigos é o amparo necessário para que o adolescente deixe de lado o mundo infantil. No caminho dos desenlaces de vínculos e recriação de novos, há um espaço vazio, que é preenchido pelo pertencimento a um grupo. Com as redes sociais e grupos de WhatsApp, não é que ocorra algo essencialmente novo em termos de fenômenos de grupo, mas as notícias correm mais rápido, os segredos são menos guardados, as falhas inaceitáveis são identificadas e registradas quase instantaneamente, e as reações também vêm na velocidade da luz. O julgamento é feito instantaneamente, e se já era rígido em tempos anteriores, hoje é implacável. O maior sofrimento dos adolescentes hoje é serem julgados pelos iguais. Se fossem julgados pelos pais ou professores, isso reverberaria de outra forma. Mas pelos iguais é uma ameaça intolerável, pois a expulsão do grupo leva o adolescente a cair num vazio profundo, em que ele perde as áreas subjetivas que estão em construção. Daí a quantidade de ansiedade na atual adolescência, mas não uma ansiedade neurótica: uma ansiedade de contornos psicóticos com sensação de perda do eu, de não existir, automutilações, crises de pânico etc. A ditadura da estética, a ditadura do corpo, os *posts* todos iguais, com a mesma expressão, a boquinha em bico das meninas e nos comentários a recorrência da palavra "perfeita". Rede social e seus efeitos ampliam uma forma de sofrimento adolescente que tem a ver com exposição. Uma foto que não deveria se espalhar, um comentário que não deveria se espalhar, um vídeo comprometedor. E como responsabilizar os adolescentes, que são pessoas imaturas? Com isso, volto a dizer, não gostaria de passar uma impressão catastrófica. Novamente, cada momento tem suas próprias contradições para administrar e até hoje a espécie humana sempre foi capaz de seguir buscando um equilíbrio, que, na verdade, nunca se conquista completamente. Nossos jovens de boa estruturação psíquica, como colocado na primeira parte deste texto, terão condições, terão ego, para enfrentar os desafios da adolescência. A verdade é que não temos como prever os efeitos dessa adolescência no longo prazo. Somos todos novatos neste mundo digital, e mesmo os nativos digitais vão contemplar as mudanças ainda astronômicas que a inteligência artificial já vem trazendo. Em tempo algum da história a sociedade passou por tantas transformações em tão pouco tempo. E isso necessariamente deverá gerar uma mudança também na estruturação mental. Como a sociedade processará tanta mudança, que recursos precisaremos desenvolver? O tempo dirá. Encerro este capítulo lembrando que a adolescência, quando não em terreno patológico, é uma etapa de luta, de batalhas sangrentas, e ao mesmo tempo reduto das alegrias mais intensas e dos maiores prazeres.

Referências

Aberastury, A., & Knobel, M. (1989). *Adolescência normal: um enfoque psicanalítico*. Artes Médicas.

Bauman, Z. (2001). *Modernidade líquida*. Jorge Zahar.

Freud, S. (1987 [1895]). Projeto para uma psicologia científica. In S. Freud, *Edição standard brasileira das obras psicológicas completas de Sigmund Freud* (Vol. 1). Imago.

Horenstein, M. (2019, 31 agosto). *A adolescência e os equilibristas*. Trabalho apresentado na XL Jornada Anual do CEAPIA, Porto Alegre.

Klein, M. (1981 [1940]). O luto e sua relação com os estados maníaco-depressivos. In M. Klein, *Contribuições à psicanálise*. Mestre Jou.

Lucas, A. (2017). Julio Moreno, psicanalista: "A conectividade substituiu a autoridade familiar". *O Globo*. https://oglobo.globo.com/brasil/conte-algo-que-nao-sei/julio-moreno-psicanalistaa-conectividade-substituiu-autoridade-familiar-21562042.

Milman, C. (2023). Púberes retraídas do processo adolescente e alternativas clínicas. *Psicanálise – Revista da Sociedade Brasileira de Psicanálise de Porto Alegre*, 24(2), 74-81.

Winnicott, D. W. (1975). *O brincar e a realidade*. Imago.

Winnicott, D. W. (1993 [1945]). Desenvolvimento emocional primitivo. In D. W. Winnicott, *Textos selecionados da pediatria à psicanálise*. Francisco Alves.

Winnicott, D. W. (1999 [1968]). A imaturidade do adolescente. In D. W. Winnicott, *Tudo começa em casa*. Martins Fontes.

6. Adolescência – Ato e ato antissocial[1]

Ane Marlise Port Rodrigues

A psicanálise foi concebida por Freud como a ciência que estuda e trata do inconsciente. Descreve as formações do inconsciente: os sonhos, os chistes, os atos falhos, os sintomas e o que se manifesta por meio de lembranças encobridoras, das repetições e da transferência (Freud, 1974 [1901], 1974 [1915]). Introduz a cura pela palavra, sendo por meio do ato de fala do analisando e do analista que podemos reconhecer e elaborar os desejos recalcados (inconsciente do recalcado) ou os excessos traumáticos que ficaram cindidos (inconsciente do cindido), ainda sem tramitação simbólica.

O ato falho é concebido como um equívoco na fala, na memória ou na ação; algo do inconsciente escapa ao recalcado e ao nosso controle consciente, mostrando algum desejo reprimido. Lacan (1999 [1957-1958]) dirá que o ato falho é um ato bem-sucedido, pois deixa transparecer uma tendência do inconsciente.

Acting out ou atuação são traduções para o ato no sentido do agir no lugar de recordar ou falar, o *agieren* descrito por Freud (1974 [1914]).

---

1 Versão revisada e ampliada de aula online ministrada no curso "*Prints* na adolescência", da SBPdePA, em 9 de agosto de 2023.

Durante o processo analítico, o *acting out* se mostra como uma tendência a repetir padrões e experiências infantis impossibilitadas de serem lembradas devido a mecanismos de defesa como o recalcamento, a cisão ou outros.

A adolescência encontra-se regida mais por atos do que por palavras, pois a força dos impulsos do id e das exigências e críticas do superego não contam ainda com um ego/eu capaz de dar conta de tamanhas intensidades, havendo uma tendência à descarga em ato. Atuações também podem vir por descargas impensadas em palavras. O próprio corpo pode ser cenário de descarga de tensão em busca de alívio da dor emocional, como nas automutilações (*cutting*). Os ambientes familiar, dos pares e da sociedade são de crucial importância para dar continência e suporte psíquico durante o processo de amadurecimento de um adolescente com seus avanços e retrocessos.

Neste capítulo, o ato também será pensado em outras dimensões além do intrapsíquico ou intrafamiliar. Num primeiro momento, o contexto atual, em que habitam nossos adolescentes, será pensado em suas possibilidades e impossibilidades de fazer emergir um ser singular e capaz de criar laços sociais.

Na segunda parte, o caminho da endogamia para a exogamia será cotejado com a emergência de atos ou, até mesmo, do apagamento do ato ou do silenciamento de seu barulho. O silenciamento pode ser considerado um outro tipo de ato, um ato em si mesmo, o negativo do ato.

Por fim, alguns conceitos psicanalíticos sobre o ato e o ato antissocial serão colocados de forma resumida, bem como o papel da sociedade nesse contexto, em especial a sociedade brasileira.

Adolescência – Desde o singular até o laço social

Pensar a adolescência implica o fundamental da singularidade de cada sujeito, mas também percebê-la como um paradigma de uma determinada época, da cultura vigente e das possibilidades dos laços sociais ofertados em seu meio ou no macrocosmo.

Os adolescentes são como as roseiras plantadas nos parreirais de uvas usadas na fabricação de vinhos: antes de atacar os vinhedos, os fungos e as pragas atacam as roseiras, denunciando o perigo para o todo o parreiral. A adolescência é muito sensível ao modo de ser dos pais e familiares, bem como aos movimentos sociais e culturais de seu entorno e do mundo globalizado.

São os adolescentes que sinalizam avanços civilizatórios como: 1) a preocupação com o planeta e o aquecimento global (o que favorece a preservação ou a destruição da Terra, a valorização dos saberes dos povos originários de proteção de nossas florestas e biomas); 2) a abertura para a diversidade sexual e de gênero (a saída dos binarismos reducionistas, a legitimação de dissidências sexuais); 3) uma maior consciência sobre os vários preconceitos e discriminações (racismos por raça/cor/etnia, misoginia, homofobia, transfobia, aporofobia, xenofobia e outros); 4) muitos percebem o aumento da desigualdade social e da pobreza pelo mundo e se sensibilizam, criando movimentos de protesto e de busca por mudanças ou desenvolvendo múltiplas formas de arte para dar expressão às suas angústias, medos e esperanças.

Também sinalizam o adoecimento social por meio de alguns indicadores: 1) aumento de células neonazistas que preconizam a ideologia do totalitarismo e da punição ou eliminação dos designados como diferentes, autorizando a violência com seu encarceramento ou extermínio (no início de 2022, foram monitorados mais de 530 grupos extremistas pelo país, com maior concentração na região Sul do Brasil, conforme o Conselho Nacional de Direitos Humanos [Brum, 2024]); 2) crescente violência nas escolas, com assassinatos de alunos e professores com armas brancas e de fogo, geralmente referidos como vingança por *bullying* escolar e cujo equacionamento é muito mais complexo e abrangente do que colocar detector de metais, câmeras ou polícias nas escolas; 3) *cyberbullying*, com intimidação sistemática e exposição pública da vítima (tipificado como crime, punível com multa e prisão); 4) alienação por meio da tecnologia, podendo levar à dependência de jogos eletrônicos ou de *likes* para melhorar a baixa autoestima (casos de suicídio em situação de fragilidade narcísica podem ocorrer); 5) aumento de suicídios: a taxa de suicídio entre jovens cresceu em 6% entre 2011 e 2022, e as autolesões aumentaram em 29% no mesmo período, segundo a Fiocruz (Sebastião, 2024); 6) alienação por meio do uso de substâncias, muitas vezes sem nenhum projeto de vida e encerrando-se dentro de um quarto na casa dos pais. O uso de drogas para alienar-se de si mesmo e do mundo é diferente do uso como manifestação de rebeldia e transgressão no contexto da busca por se diferenciar dos pais ou como forma transitória de pertencimento ao grupo de pares. Ou ainda como experimentação de novas sensações e aventuras, de forma não permanente. Na alienação podemos ter um predomínio da autodestruição, do desligamento e da pulsão de morte, enquanto na rebeldia que busca o crescimento predomina a pulsão de vida.

As figuras idealizadas da infância, como os pais, já não funcionam mais como modelo único ou até mesmo como modelo de identificação possível (Costa et al., 2004). Uma descrença nas figuras de autoridade clássicas, e mesmo em Deus ou nos governantes, começa a emergir. Existiria alguém capaz de consertar tudo o que está errado e colocar as coisas no seu devido lugar, seja no âmbito da casa ou da sociedade? A ideia de um universal que serve para todas as pessoas é questionada, e a experiência de se sentir único pode ser radicalizada por meio da aparência ou do modo de ser e pensar.

Os adolescentes mais saudáveis tendem a não se isolar e buscam no grupo o compartilhamento de suas angústias confusionais em relação a quem são e o que querem ser ou no exercício de sua sexualidade. Muito de sua identidade sexual, afetiva e de valores vai sendo construída nessa convivência para além de seu núcleo familiar. De um funcionamento mais narcísico, podem ir evoluindo para o reconhecimento do outro em sua alteridade e diferença, criando relações benéficas e profundas.

Os chamados grupos identitários lutam por seus direitos civis e de existir em suas singularidades próprias. A construção de uma representação compartilhada e coletiva tem uma função de sobrevivência física (contra as agressões e os assassinatos) e subjetiva, tendo em vista a milenar violência contra as mulheres, homossexuais, transexuais e todas as letras da sigla LGBTTQQIAAP+. Na atualidade, os adolescentes podem encontrar amparo, sentido de pertencimento e legitimação de sua singularidade nos coletivos e grupos identitários, o que também é válido para os adolescentes negros e indígenas ou de outras etnias em nosso país. Uma das letras Q dessa sigla se refere a "questionando", uma das belas habilidades e potências da adolescência, nem sempre bem recebida pelos pais e pelo mundo conservador dos adultos. O adolescente com maior risco para processos depressivos que podem levar ao suicídio é, em geral, aquele que tende ao isolamento, com solidão, vivências de desamparo e desvalimento. Ter o grupo como um espelho que devolva uma imagem positivada, passível de ser amada e aceita, torna-se ainda mais fundamental para os que sofrem preconceito e rejeição, alguns até mesmo expulsos de suas famílias e casas.

Roudinesco (2022) faz críticas às derivas identitárias, pois considera que defenderiam um eu soberano, quando a autoafirmação de si ficaria transformada em hipertrofia do eu e na "vontade de acabar com a alteridade, reduzindo o ser humano a uma experiência específica" (p. 11). Conforme opina Gondar (2023), a autora parece colocar em xeque os eus soberanos dos outros, mas nunca o dela mesma ou do grupo identitário ao qual pertence. Esse grupo é constituído por pessoas brancas do primeiro mundo europeu, atravessadas pela crença na universalidade de seus conceitos e visões de mundo.

Colocar-se narcisicamente como único grupo que importa e alienar-se da realidade e sofrimento dos outros, ou desconsiderar os demais grupos, é um risco para qualquer grupo identitário, inclusive para o grupo de pessoas brancas, considerando que a branquitude ainda se pretende a régua do mundo. Somos múltiplos, e pergunte a um adolescente sobre a importância fundamental de contar com um grupo com o qual possa se identificar. Para um adolescente ou adulto que sofre preconceitos e discriminação, o grupo identitário se torna estratégia de estar vivo e ter esperança de encontrar um lugar no mundo.

Um grupo "para chamar de seu" não tem necessariamente a dimensão sociopolítica dos grupos identitários. Críticos de movimentos identitários referem que estes podem tornar-se fechados em si mesmos, não autorizando a fala ou crítica de quem está de fora. Voltamos a lembrar, porém, que esse é um risco para os grupos minorizados, mas também para os grupos que são parte de maiorias, principalmente aqueles que detêm privilégios em relação a esses grupos identitários.

Para uma criança que sofre preconceitos ou *bullying*, é mais difícil encontrar nos pares um apoio eficaz. Em geral, sofre em solidão se não puder contar para seus responsáveis ou professores.

Da endogamia para a exogamia – Ato e apagamento do ato

A elaboração do complexo edípico sempre deixa restos dos quais tentamos dar conta ao longo da vida. Exige fazer renúncias de desejos e o luto pelos objetos primários idealizados da primeira infância, abrindo espaço para o investimento libidinal em novas relações passíveis de receberem nosso amor e ódio, herdeiros de nossa ambivalência para com nossos primeiros objetos.

Durante a latência, entendida enquanto organização psíquica, e não meramente como um período etário, esses avanços necessitam consolidar-se. Por vezes, temos um adolescente ou adulto jovem, que nem sequer chegou à latência, emaranhado nas intensas lutas edípicas de rivalidade e hostilidade da infância ou, ainda, mais regressivamente, envolto na região dos traumas narcísico-identitários, tão bem descritos por Roussillon (2014).

No processo adolescente esse desafio é retomado, e o endogâmico familiar necessita ser transposto com a abertura para a exogamia e para a vida social/cultural. O caminho das desidentificações com os objetos primários internos e externos e a estruturação mais sólida das identificações vão preparando o território da vida adulta e de uma vida própria, com autoria e autonomia (Kancyper, 2003). Por razões várias, pode-se fracassar nessa busca, que exige um enorme trabalho psíquico e faz surgir atos variados, com diferentes graus de risco para si ou para os outros, inclusive com morte.

Os movimentos de Carla por independência

Carla, aos 22 anos, queria sair da casa dos pais como suas amigas fizeram. Dividiria um apartamento com elas. Obteve a concordância dos pais. Passados dois meses, acidenta-se gravemente ao dirigir embriagada. Retorna à casa da família. Não pode sustentar sua tentativa de viver separada deles, com autonomia. Não se encontrava habilitada para esse passo, que foi dado mais por imitação às amigas do que por condição psíquica própria. Não se imaginava namorando. Perdeu a virgindade por achar que estava na hora, não se tornando essa uma experiência de apropriação de seu corpo e de sua sexualidade, não conectada consigo mesma ou com o outro. Não estava envolvida afetivamente com alguém. Percebia-se heterossexual, mas não tinha certeza sobre essa questão. Tinha dúvidas sobre a faculdade escolhida, sentindo-se triste e confusa.

Dentro da hipercomplexidade que abarca o processo adolescente, Pereda (2010) cita alguns movimentos para uma maior estruturação subjetiva:

1. a apropriação de seu corpo de adulto e do exercício de sua sexualidade;
2. o exercício da sexualidade genital, que implica a relação com o próprio corpo e com o outro em sua alteridade, e a possibilidade de desejar e ser desejado pelo outro;
3. a ruptura geracional, isto é, não ser uma simples continuidade dos pais, atendendo aos ideais deles, mas buscar ser sujeito de si mesmo e de seus próprios desejos.

As formas transgressivas próprias de todo adolescente implicam rituais de iniciação nesse trânsito para a adultez, necessitando de limites em seus excessos e riscos.

Mundo adulto e modelos identificatórios

O mundo adulto precisa perguntar-se quais modelos identificatórios está oferecendo aos adolescentes e qual o mundo que está deixando para eles (Flechner, 2010).

O adolescente se vê jogado no meio de exigências de competição, produção, consumo, ser vencedor, empreendedor de si mesmo, ganhar rapidamente muito dinheiro (lógica neoliberal), num mundo em crise na área do emprego, sendo o trabalho cada vez mais precarizado e marcado pela perda de direitos sociais do trabalhador. Com horas extras não pagas e invasão do período de descanso, alguns referem sentirem-se escravizados quando adentram o mundo do trabalho. A desmotivação, a sensação de ser um perdedor e um fracassado podem ser intensas.

Enfrentam ainda um mundo pós-pandemia, caracterizado por um aumento mundial da pobreza, da violência, da desigualdade e do individualismo. Acrescente-se o aquecimento global e a maior frequência de eventos climáticos extremos que assolam várias regiões da Terra, com inundações, secas, deslizamentos de encostas, ciclones, furacões, terremotos etc. Em maio de 2024, o transbordamento das águas de rios e lagoas, pelo excesso de chuvas, afetou 90% das cidades do Rio Grande do Sul. Foram 2,3 milhões os afetados pelas enchentes, desalojados de suas casas ou colocados em abrigos emergenciais, 176 pessoas mortas e 39 desaparecidas (dados da Defesa Civil do Rio Grande do Sul, atualizados em 14 de junho de 2024). A angústia climática passou a fazer parte desse cotidiano.

Essas são situações com potencial traumático que afetam a todos, mas que trazem para a vida dos adolescentes uma dimensão trágica e assustadora sobre as perspectivas do presente e do futuro. Provavelmente, teremos os migrantes climáticos em busca de viver em regiões mais seguras, tendo de administrar a distância em relação a familiares e amigos.

Na enchente referida, a falta de eficácia e de coesão entre as lideranças aumentou a sensação de desamparo no manejo de tamanha catástrofe. Ao mesmo tempo, um imenso e fundamental movimento de solidariedade que traz esperanças de um mundo melhor foi presenciado.

Trago esse contexto pois é nesse mundo que nossos adolescentes estão adolescendo e terão de construir suas vidas. É cada vez maior o número de pessoas que não saem da casa dos pais e não querem ou não alcançam compromisso afetivo com alguém. O movimento para a exogamia se vê comprometido. Podem não fazer o barulho do ato, mas trazem o ato em seu apagamento, seu silenciamento, o negativo do ato. Não ousam se movimentar.

A revolução tecnológica, a virtualidade, a hiperestimulação sensorial, a aceleração do tempo, o risco de uma terceira guerra mundial ou de uma guerra nuclear, o medo da extinção da espécie humana criam um ambiente de incerteza e de temor pelo presente e pelo futuro. As crises de angústia e depressão, as somatizações, o uso e abuso de substâncias aumentaram muito entre os jovens, o que pode favorecer as descargas da tensão em atos.

Anteriormente, tínhamos, ou acreditávamos ter, uma ideia de futuro mais previsível e uma direção mais definida dos passos a dar para adquirir independência financeira e autonomia. O mundo poderia não parecer tão ameaçador ou em risco.

Bonaminio (2007) considera que o processo de subjetivação está em crise na sociedade contemporânea, ocorrendo um aumento da autossensualidade autística, algo sem erotismo. Dá o exemplo de um jovem que vai em festas *rave* para ficar "flutuando como que num líquido leitoso", como efeito de drogas sintéticas e da música. Seu único prazer para viver é ir a essa festa. Está sempre "chapado", num caminhar errante, como um morto-vivo, um zumbi. Percebe-se sem um lugar no mundo. Seria esse um estado endogâmico regressivo a uma oralidade sensorial? O que de seu ambiente familiar poderia estar implicado no não nascimento/saída do útero casa?

Outros adolescentes podem se sentir trancados do "lado de fora do mundo". Sabem que existe um mundo, mas que este não é para eles. Essa vivência é muito comum em comunidades sujeitas à vulnerabilidade social e a preconceitos de raça/cor/etnia. Até 2012, a universidade brasileira era um lugar excludente para estudantes de escola pública, vindos de famílias pobres, em sua maioria negras ou pardas. Com a lei das cotas sociais e raciais nas universidades públicas (Lei n. 12.711/2012), a situação vem evoluindo, construindo uma melhor perspectiva de vida a esses estudantes para sua emancipação material e simbólica, inclusive para estudantes indígenas.

Essa vivência de não ter acesso ao mundo, de sentir uma barreira/muro que impede a entrada, é descrita por Rassial (2004) em jovens franceses que vivem nas periferias. Refere um dado muito preocupante: 20% da iniciação sexual das jovens vem ocorrendo em estupros coletivos. Um grupo de rapazes pega alguma jovem, seja ela uma conhecida ou uma colega, em geral sob efeito de álcool ou drogas, e todos têm um ato sexual com ela (não é uma relação sexual). Rassial considera que estão atuando uma impotência partilhada, sem nenhuma consideração com a alteridade da jovem mulher, sem nenhum investimento na sexualidade a dois. Uma descarga física de angústia mais próxima do gozo da pulsão de morte do que de Eros, pulsão de vida. Aqui temos mais um indicador do sofrimento adolescente aparecendo na área da sexualidade.

Ocorre uma banalização da violência sexual. Trata-se de um desinvestimento do sexual no sentido freudiano de uma libido sexual desejante que busca aquele objeto de desejo que é único. Há um predomínio de um narcisismo patológico e da pulsão de morte. Ao ocorrer uma gravidez a partir dos estupros perpetrados, essa jovem deveria ser protegida em termos de saúde pública em seu direito de interromper essa gravidez, e não criminalizada pelo Estado. Essas violências sexuais são praticadas por homens, assim como a maioria das leis são escritas e votadas por homens. Resta ainda um longo caminho para que as mulheres se tornem cada vez mais donas de seu próprio corpo e adquiram maior representação política e jurídica.

Em 1998, muito antes da pandemia de covid-19 (ocorrida, como se sabe, em 2020-2021), Tamaki Saito cunhou o termo *hikikomori* para descrever um estado de reclusão social e física de adolescentes, por mais de seis meses, com sofrimento psicológico, excesso de virtualidade e sem relações de troca com os pares ou outras pessoas. Sentem-se desanimados e envergonhados por não atenderem às exigências e expectativas paternas e sociais. Querem se esconder do mundo (Vilela, 2022). Seria uma espécie de depressão com ausência de desejos próprios, em que o corpo pulsional fica apagado, desvitalizado. Predomina uma dor de existir. Sabe-se que sob essa pressão vários adolescentes tentam o suicídio.

Recalcati (2020) refere-se ao fenômeno *hikikomori* como um desejo de colocar o próprio ser de fora da cena do mundo, numa idealização do confinamento, uma busca de segurança por meio da eliminação dos estímulos, do que vem de fora da bolha protetora construída. Chama esse estado de neomelancolia, em que haveria o predomínio de uma pulsão securitária que busca segurança e não almeja liberdade e movimento.

Incertezas, inseguranças e medos levariam, na atualidade, ao aumento mundial de grupos neonazistas, fascistas, xenofóbicos, racistas e extremistas, com o desejo de eliminação do outro diferente, numa retração narcísica em busca de segurança e ordem que viria de um pai absoluto como o descrito por Freud em "Totem e tabu" (1974 [1913]). Frente ao desamparo e às incertezas, um grupo extremista com um líder carismático e totalitário pode trazer a sensação de segurança, de certezas, de pertencimento e sentido de vida, principalmente em adolescentes psiquicamente frágeis e sugestionáveis.

Mundos VUCA e BANI e sofrimento psíquico

Nos anos 1990, as características de volatilidade, insegurança, complexidade e ambiguidade cunharam o termo mundo *VUCA* (*volatility, uncertainty, complexity, ambiguity*), que evoluiu para mundo *BANI* (*brittle, anxious, non-linear, incomprehensible*), que é caracterizado pela fragilidade, ansiedade, não linearidade e sensação de ser incompreensível. A experiência emocional dos adolescentes atuais se localiza nesse mundo nada amistoso ou promissor. Se somarmos a esse contexto uma família não estruturada ou disfuncional, temos um caldo de cultura explosivo para muitos atos, desde os movidos pela busca de acolhimento e interlocução até os que se tornam puramente auto ou heterodestrutivos.

Além dos estados melancólicos, em que o objeto mau ou o vazio, o nada, coincidem com o eu (a sombra do objeto que cai sobre o eu em "Luto e melancolia" – Freud, 1974 [1917]), podendo levar à busca de eliminação do objeto e do eu por meio do suicídio, temos as apresentações paranoides, em que o objeto mau é posto no outro. Nesse caso, o outro é que tem de ser eliminado, como nos ataques e mortes em escolas, com denúncias de o agressor ter sofrido *bullying* no passado.

A psicanálise sempre lidou com as neuroses clássicas, em que conflitos entre a satisfação do desejo e seu recalque trazem as soluções de compromisso e as manifestações do desejo de forma histérica, fóbica ou obsessiva, formando sintomas. Mas, na atualidade, a clínica das não neuroses vem se apresentando cada vez mais: crises de pânico, depressões e bipolaridade, quadros *borderline*, drogadição, doenças psicossomáticas e a clínica do traumático e do vazio.

Rassial (2004) salienta o desinvestimento da sexualidade, em que não estamos na área das dificuldades sexuais ou dos conflitos, mas na área da impossibilidade de formar sintomas.

Para Viñar (2018), o grito do sintoma e a urgência de sua resolução clamam, nos dias atuais, mais pela farmacologia do que por um processo de elaboração subjetiva, levando mais para atuações e condutas de risco. Conflitos e angústias são pouco sustentados pela verbalização e por uma busca de escuta analítica. A simbolização por meio da representação-palavra e linguagem verbal ainda terá de se desenvolver nesses adolescentes.

Em muitos casos, sentem os pais desligados ou mergulhados em seus próprios problemas, ou no trabalho, sem perceberem o sofrimento dos filhos. Resíduos traumáticos deixam suas marcas desde bebê, adentrando também a fase edípica. É como se no jogo do carretel (*fort/da*), descrito por Freud (1974 [1920]) ao observar seu neto durante a ausência da mãe, o objeto que se ausentou não retornasse, levando a um sentimento de abandono e de desamparo.

Por vezes, o ato vai se radicalizando para conclamar os pais a olharem para o filho e percebê-lo em suas necessidades. Na situação de Carla, os pais puderam acolhê-la e protegê-la, não permitindo que dirigisse um carro antes de entender o que se passava com ela e ela amadurecesse mais. Em contrapartida, temos pais que dão um novo carro para o filho após ter se acidentado com perda total do veículo. Pais podem atuar fantasias filicidas dessa maneira. Portanto, a problemática do ato envolve investigar também o que se passa com os pais e o ambiente no qual vive o adolescente. Os traumas não elaborados dos pais ou de gerações anteriores podem ser transmitidos de forma transgeracional e se apresentarem em reações afetivas incongruentes e possíveis rupturas de laços de pertencimento (Trachtenberg, 2017).

Foi constatado que, com a utilização dos aplicativos de transporte, pessoas bebem mais, mas morrem menos no trânsito, tendo havido uma queda de 10% no total de óbitos por acidente de trânsito no levantamento mencionado (Alves, 2020). Mesmo assim, o adolescente que está em risco emocional pode não se proteger com esse recurso.

São situações da clínica atual nas quais é fundamental o que Marucco (2006) chama de aposta pulsional do analista: coloca sua pulsão de vida, sua capacidade de sentir, pensar, sua estrutura toda para uso do paciente, até que ele já tenha criado mais estrutura de ego, entendido melhor as demandas do id e as exigências, muitas vezes cruéis e aniquilantes, do superego.

Ato e passagem ao ato – A busca pelo outro

No texto "Fragmento de análise de um caso de histeria" (1974 [1905]), Freud descreve o *acting out* vinculando ações do paciente com seus sentimentos e transferências. Em "Recordar, repetir e elaborar" (1974 [1914]), usa a expressão *agieren* no sentido de agir, uma ação, passível de ser repetida, em vez de recordada e falada, devido às defesas em jogo. Esse *agieren* foi traduzido como *acting* ou atuações, sendo inicialmente percebido como algo negativo, uma resistência ao processo analítico, e intimamente ligado à transferência.

Mas Marucco (2007) nos lembra que, mesmo no *agieren* freudiano, já estava presente uma ideia de busca do outro por meio da transferência. Ou seja, o ato/a atuação não seria apenas uma resistência a uma recordação e à sua elaboração, mas também uma busca ao outro para que por meio dessa interlocução se possa entender esse agir/esse ato que impediu a lembrança. Fazer as ligações entre o ato e o que ele representa insere o ato na historização da vida do paciente para que possa criar representação-palavra onde não existe ainda.

Também Bion (1991 [1961]) expandiu o conceito kleiniano de identificação projetiva ao afirmar que esse mecanismo de defesa da psique não funcionava apenas para a evacuação de angústias arcaicas, mas para a comunicação dos estados emocionais do bebê para a mãe. Assim, o continente materno recebia as evacuações/comunicações do bebê para fazer a digestão psíquica desses conteúdos, devolvendo ao bebê a compreensão de sua angústia de forma mitigada. O ato adolescente sempre demanda um continente que o acolha e perceba seu caráter de comunicação de um estado emocional não processado ou insuficientemente processado.

Lacan (1999 [1962-1963]) define o *acting out* como um subir à cena do objeto (cena inconsciente), enquanto a passagem ao ato seria um deixar-se cair ou sair de cena, com um curto-circuito do objeto com o sujeito, sendo o sujeito quem cai. A identificação ao objeto que faz sombra é absoluta, sem qualquer apelo ao Outro. No *acting* haveria uma subida à cena do objeto, mas agora endereçada ao Outro; está presente um apelo e uma busca pela interlocução.

Excessos traumáticos não ligados, cindidos, não verbalizados, não podem ser lembrados e nem esquecidos (não sofrem recalcamento). Ficaram como traços/marcas psíquicas de épocas pré-verbais, no registro sensorial, não entrando na rede de significantes verbais. Não puderam passar da representação-coisa para a representação-palavra. Essa integração ao psiquismo precisa de outros que ajudem na ligação/historização do que está não ligado/não significado.

Portanto, no ato o sujeito segue com esperança de encontrar o cuidado, o entendimento, o encontro com o outro para dar sentido a algo que pode ser repetido até encontrar interlocução.

Na passagem ao ato, na caída da cena e saída de cena, predominam a desesperança, a desistência e a descrença no outro. Tentativas de suicídio bem-sucedidas são os exemplos cabais dessa saída de cena.

Segundo dados da Fiocruz (Sebastião, 2024), apesar da redução de 36% no número de suicídios em escala global, as Américas fizeram o caminho inverso. Entre os anos 2000 e 2019, a região teve aumento de 17% de casos, sendo que no Brasil esse aumento foi de 43%. Estudos mostraram uma associação do aumento do número de suicídios com o aumento das desigualdades sociais e da pobreza e com o crescimento da prevalência de transtornos mentais. Que Brasil é esse que estamos oferecendo aos nossos adolescentes? E às crianças e a todos? Ainda insiste em sua atualidade a música da banda de *rock* Legião Urbana, lançada em 1987: "Que país é este?".

Quinet (1991) vai descrever o ato analítico dentro do processo analítico, quando o sujeito em análise pode tornar-se psicanalista: quando o sujeito se destitui como analisante para instituir-se como psicanalista, podendo suportar ser o objeto causa de desejo para o analisante. Aqui o ato analítico é o que autoriza a tarefa do psicanalista.

Ato antissocial

Winnicott (1978 [1956]) fala de atos de delinquência como protestos ou uma última esperança de encontrar o cuidado esperado e necessário no ambiente, o *holding* que não existiu. Podem cristalizar-se como elementos defensivos ou estruturais do ser caso o ambiente não responda com acolhimento e ações necessárias. A área de ilusão na direção de buscar e encontrar o objeto ainda está ativa por meio da repetição do ato.

O juiz de Direito Túlio de Oliveira Martins (1999) relata que muitos menores infratores reincidiam e queriam estar com ele, como se buscassem, além de um ambiente acolhedor, uma figura paterna que os orientasse. O policial poderia ser visto como um pai feroz, necessário e temido, enquanto o juiz poderia ser colocado no lugar de um pai idealizado.

Martins refere a importância do Estatuto da Criança e do Adolescente (ECA), ao olhar o adolescente infrator como um ser humano com a personalidade em formação, e não como delinquente, criminoso, a ser punido e encarcerado. Considera a necessidade de uma abordagem multidisciplinar, visando ao seu atendimento e à prevenção de novos episódios. Ao não ser ajudado, ocorre uma evolução desfavorável, tanto na quantidade quanto na gravidade das infrações.

Temos grandes falhas nas políticas públicas de atenção e cuidados ao menor infrator, tornando-se a cadeia brasileira uma verdadeira escola do crime, onde serão cooptados para as organizações criminosas já existentes.

Atos delinquentes são percebidos também como tentativa desesperada de formar uma pertença, denunciando que o adolescente está fora do laço social. Laço social cuja ocorrência necessariamente implica o reconhecimento do outro como diferente, como digno de cuidado e inserção social. Com seu ato denuncia nossa falha como sociedade em criar laços com esse adolescente e de lhe ofertar saídas e enlaces dignificantes (Silva, 1999).

Para finalizar

Ato, passagem ao ato e ato analítico

Javier Garcia (2010) traz uma situação clínica de um adolescente adotado que, na puberdade, ia para a janela do consultório com a fantasia de atirar-se dela. Sentia ter sido jogado fora pela mãe. Já adolescente, vem de bicicleta e diz que está sem o freio da bicicleta e, ao descer uma ladeira, poderia ter caído e se machucado muito. O analista diz que não poderá voltar de bicicleta (fica guardada no prédio do consultório) e relaciona a situação com aquela posição melancólica em que se sentia deslocado e sem lugar no mundo, sem mãe nem pai, pensando em jogar-se da janela. Temos aqui: 1) um ato analítico, quando o analista assume seu lugar de analista frente à demanda desejante do paciente, impedindo-o de voltar para casa com uma bicicleta sem freio; 2) ato/*acting*/atuação do paciente, quando usa um veículo sem freio que poderia causar queda e grande risco, inclusive de morte. No entanto, consegue chegar até a sessão e comunica ao analista seu pedido de cuidado e limites. Na busca por um interlocutor, permanece em cena e encontra o Outro no analista; 3) o risco da passagem ao ato com a caída da cena, o sair de cena, que se revela na puberdade por meio da fantasia de atirar-se pela janela e que se atualiza ao andar de bicicleta sem freios, ladeira abaixo. Vemos o retorno em ato da vivência de não se sentir agarrado pela mãe biológica. Angústias muito primitivas e impensáveis conseguem encontrar no analista espaço de continência e elaboração por meio de atitudes e palavras que dão significados ao que está acontecendo, fazem o trabalho de ligação e historização.

Ato antissocial

Para Rosa (2019), cabe perguntar qual laço social, qual contexto de inserção estamos oferecendo aos adolescentes que cometem atos antissociais. É um tempo de dilemas e frustrações que se torna pior para adolescentes marginalizados, em situação de vulnerabilidade social. Ao colocarmos identidades fixas do tipo marginal ou drogado, engessa-se o jovem e elimina-se tudo o mais que ele é.

É preciso criar políticas específicas para o adolescente que permitam integrá-lo à sociedade, criando espaços para sua contribuição, e não simplesmente estratégias de controle e punição.

O adolescente, segue Rosa (2019), se não tem perspectivas de ser cuidado pela família ou de ter seu sofrimento percebido pela sociedade, se é excluído de possibilidades de laço social, uma das possibilidades é que crie uma ficção violenta para considerar sua existência digna de ser narrada. Sai de uma posição passiva de abandono e desinvestimento para ser ativo por meio da canalização de sua força pulsional em atos antissociais. Sua potência não é canalizada para seu próprio bem ou para o bem coletivo. O filme *Cidade de Deus*, de Fernando Meirelles e Kátia Lund, de 2002, ilustra bem essa trajetória da formação de gangues que vão atraindo até mesmo crianças que estão em situação de abandono. Os mais afetados pela pobreza e pela falta de perspectivas de ascensão social no Brasil são, em sua maioria, as pessoas negras e pardas, o que é retratado no filme. O desejo de crescer e de ser alguém na vida aparece na fala de um personagem, um menino negro: "Sei roubar, sei matar. Sou sujeito homem". Enquanto muitos desses meninos acabam indo para o crime, muitas meninas vulnerabilizadas vão para a prostituição ou para subempregos.

Alcançaremos enquanto país oferecer outras perspectivas a essa imensa população de jovens e crianças? Sabe-se que o Brasil é um dos países mais desiguais e violentos do mundo. Portanto, a ato antissocial de um adolescente necessita ser pensado também a partir de uma perspectiva ampliada, que se agregue ao intrapsíquico ou intrafamiliar, em que a responsabilidade maior é do mundo adulto e da sociedade e do que oferecem aos seus adolescentes.

Para finalizar, um poema de Mitti Mendonça (2022), em que a poeta traz a intensidade do viver desde que se cai no mundo, as relações transgeracionais/ancestrais e a possibilidade de elaborar e simbolizar essas experiências, o que seria o desejável para a trajetória de nossos adolescentes:

Desemboco nesse mundo
Caio no escuro da noite
Derramo meu todo
Com intensidade
Desde a lua cheia
Do útero de minha mãe

Verto infinito
Corro pelos labirintos
Tintos de meus avós

Teimo
Sigo pelo meu
próprio caminho
Ao meu lado,
a persistência
Do outro, a
correnteza
Do imprevisto
Inquieto
Que converto em
risco
Sobre o papel

Referências

Bion, W. R. (1991 [1961]). Uma teoria do pensar. In E. B. Spillius (Org.), *Melanie Klein: desenvolvimento da teoria e da técnica* (Vol. 1). Imago.

Bonaminio, V. (2007). O discurso do adolescente em análise e o esgarçamento do tecido transicional: a mudança da psicopatologia na sociedade contemporânea. *Rev. Bras. Psican.*, *41*(3), 161-170.

Brum, G. (2024, 10 abril). Brasil envia alerta de crescimento de grupos neonazistas para ONU. https://agenciabrasil.ebc.com.br/radioagencia-nacional/direitos-humanos/audio/2024-04/brasil-envia-alerta-de-crescimento-de-grupos-neonazistas-para-onu.

Costa, A. et al. (Orgs.). (2004). *Adolescência e experiências de vida.* Editora da UFRGS.

Defesa Civil/RS. *Informe atualizado em 14/06/2024*. https://www.defesacivil.rs.gov.br.

Flechner, S. (2010). El analista confrontado al trabajo con pacientes adolescentes en riesgo. In S. Flechner (Comp.), *Psicoanálisis y adolescencia: das temporalidades que se interpelan*. Psicolibro.

Alves, G. (2020, 30 janeiro). Com aplicativos de transporte, pessoas bebem mais, mas morrem menos no trânsito. *Folha de S. Paulo*. https://www1.folha.uol.com.br/cotidiano/2020/01/com-aplicativos-de-transporte-pessoas-bebem-mais-mas-morrem-menos-no-transito.shtml

Freud, S. (1974 [1901]). Psicologia da vida cotidiana. In S. Freud, *Edição standard brasileira das obras psicológicas completas de Sigmund Freud* (Vol. 6). Imago.

Freud, S. (1974 [1905]). Fragmento da análise de um caso de histeria. In S. Freud, *Edição standard brasileira das obras psicológicas completas de Sigmund Freud* (Vol. 7). Imago.

Freud, S. (1974 [1913]). Totem e tabu. In S. Freud, *Edição standard brasileira das obras psicológicas completas de Sigmund Freud* (Vol. 11). Imago.

Freud, S. (1974 [1914]). Recordar, repetir e elaborar. In S. Freud, *Edição standard brasileira das obras psicológicas completas de Sigmund Freud* (Vol. 12). Imago.

Freud, S. (1974 [1915]). O inconsciente. In S. Freud, *Edição standard brasileira das obras psicológicas completas de Sigmund Freud* (Vol. 14). Imago.

Freud, S. (1974 [1917]). Luto e melancolia. In S. Freud, *Edição standard brasileira das obras psicológicas completas de Sigmund Freud* (Vol. 16). Imago.

Freud, S. (1974 [1920]). Além do princípio do prazer. In S. Freud, *Edição standard brasileira das obras psicológicas completas de Sigmund Freud* (Vol. 18). Imago.

Garcia, J. (2010). Adolescencia y interpretación. In S. Flechner (Comp.), *Psicoanálisis y adolescencia: dos temporalidades que se interpelan*. Psicolibro.

Gondar, J. (2023, 1 de novembro). *A questão do pertencimento: clínica, subjetivação, política*. Atividade científica realizada on-line pelo ITIPOA.

Kancyper, L. (2003). O processo psicanalítico na adolescência: metapsicologia e clínica. *Psicanálise – Revista da Sociedade Brasileira de Psicanálise*, 5(1), 107-146.

Lacan, J. (1999 [1957-1958]). *O seminário, livro 5: as formações do inconsciente*. Zahar.

Lacan, J. (1999 [1962-1963]). *O seminário, livro 10: a angústia*. Zahar.

Lei n. 12.711/2012. Lei de Cotas para o Ensino Superior. https://www.planalto.gov.br/ccivil_03/_ato2011-2014/2012/lei/l12711.htm.

Martins, T. O. (1999). O menor infrator: aspectos teóricos e práticos. In Associação Psicanalítica de Porto Alegre (org.). *Adolescência: entre o passado e o futuro* (2. ed., pp. 235-242.). Artes e Ofícios.

Marucco, N. C. (2006). Actualización del concepto de trauma en la clínica analítica. *Rev. de Psic.*, *63*(1), 9-19.

Marucco, N. C. (2007). Entre a recordação e o destino: a repetição. *Rev. Bras. Psican.*, *41*(1), 121-136.

Mendonça, M. (2022). *Cavalos em corrida dentro da garganta* (p. 11). Estúdio MAR.

Pereda, M. C. (2010). Adolescencia. In S. Flechner (Comp.), *Psicoanálisis y adolescencia: dos temporalidades que se interpelan*. Psicolibro.

Quinet, A. (1991). *As 4+1 condições de análise*. Zahar.

Rassial, J.-J. (2004). Haveria uma psicopatologia das periferias? In A. Costa et al. (Orgs.), *Adolescência e experiências de borda* (pp. 287-299). Editora da UFRGS.

Recalcati, M. (2020, 10 junho). *Neo-melancolias: la seguridad como nuevo objeto pulsional*. Aula magna na Asociación Psicoanalítica Argentina – APA. Canal YouTube APA.

Rosa, M. D. (2019, 27 março). Conferência de abertura: "Sofrimento psíquico e suicídio na adolescência". Adolescer 2019 – 1º Congresso sobre Adolescência da Universidade Federal de Goiás. *Jornal da UFG*.

Roudinesco, E. (2022). *O eu soberano: ensaio sobre as derivas identitárias* (E. Aguiar, Trad.). Zahar.

Roussillon, R. (2014). O trauma narcísico-identitário e sua transferência. *Rev. Bras. Psican.*, *48*(3), 187-205.

Russo, R. (1987 [1978]). Que país é este [Canção]. In *Que país é este*. EMI-Odeon.

Sebastião, M. (2024, 20 fevereiro). Estudo aponta que taxas de suicídio e autolesões aumentam no Brasil. https://portal.fiocruz.br/noticia/2024/02/estudo-aponta-que-taxas-de-suicidio-e-autolesoes-aumentam-no-brasil.

Silva, M. C. C. (1999). Ato delinquente e adolescência: vicissitudes de uma travessia. In Associação Psicanalítica de Porto Alegre (Org.), *Adolescência: entre o passado e o futuro* (2. ed., pp. 243-248). Artes e Ofícios.

Trachtenberg, A. R. C. (2017). Transgeracionalidade: sobre silêncios, criptas, fantasmas e outros destinos. *Rev. Bras. Psican.*, *51*(2), 249-266.

Vilela, J. (2022). *Hikikomori*: os perigos do isolamento social durante a adolescência. *Parent Coaching*. https://parentcoachingbrasil.com.br/hikikomori-os-perigos-do-isolamento-social-durante-a-adolescencia/

Viñar, M. N. (2018). Del sujeto en la experiencia freudiana. In M. Viñar, *Experiencias psicoanalíticas en la actualidad sociocultural: cómo nos cambia un mundo que cambia* (Cap. II). Noveduc.

Winnicott, D. (1978 [1956]). A tendência antissocial. In D. Winnicott, *Textos selecionados: da pediatria à psicanálise*. Francisco Alves.

Winnicott, D. (2005 [1978]). *Privação e delinquência*. Martins Fontes.

7. Adolescência e corpo: o que marca o adolescente?

Aline Pinto da Silva

O corpo para a psicanálise

O corpo para a psicanálise conta a história das primeiras relações do sujeito com o mundo. Para Christophene Dejours (2019), a partir do corpo biológico constrói-se gradativamente o corpo erótico por meio da interação entre o corpo do bebê e os cuidados dispensados pelos pais, os jogos corporais. Portanto, esse diálogo é marcado pelo funcionamento psíquico dos cuidadores, suas fantasias, sexualidade, suas histórias e pela cultura na qual estão inseridos. Sabemos que os elementos culturais e sociais participam da construção da função parental, se misturam e se unem aos elementos individuais e familiares de maneira profunda e precoce. Cada cultura representa o bebê à sua maneira, desenvolve suas práticas de cuidados infantis e interações entre as mães e seus bebês. Portanto, a qualidade dos cuidados, os afetos despertados, o desenvolvimento do corpo biológico da criança irão construindo o corpo erótico e progressivamente a subjetividade. "A colonização subversiva do corpo fisiológico pelo corpo erótico tem sempre um caráter inacabado e que, além das falhas inevitáveis que podem sobrevir ao longo do desenvolvimento, o corpo erótico precisa ser sempre reconquistado" (Dejours, 2019, p. 20). Na adolescência essa reconquista exige muito trabalho psíquico, como veremos mais adiante, no qual outros personagens entram em cena e os antigos precisam ser realocados.

Para Dejours (2019):

> *O corpo, tanto em sua capacidade de se mobilizar quanto em sua capacidade de vivenciar o contato com o outro, bem como aquilo que limita seu uso e sua sensibilidade, refletiria fielmente as histórias das relações entre a criança e o adulto. Assim, a arquitetura do corpo erógeno seria uma das formas pelas quais a infância é memorizada no adulto. (p. 15)*

Aqui também poderíamos pensar como a infância é memorizada no adolescente, cuja arquitetura deve ser sempre pensada como uma obra específica de cada sujeito e produto essencialmente das marcas do encontro com os cuidadores. O surgimento do corpo erógeno depende da qualidade e da progressão desses processos, que é também a origem da subjetividade. As lacunas nesses processos de transformação somatopsíquica deixam falhas no tecido psíquico e na constituição do corpo erótico, abrindo brechas para a manifestação de quadros psicopatológicos, em particular na sintomatologia das problemáticas narcísico-identitárias descritas por Roussillon (2009) sob forma de expressão corporal: o agir e o psicossomático ou por arranjos defensivos que reduzem a sensibilidade ao sofrimento, como nos diz Dejours (2019).

Puberdade e adolescência

De forma preliminar e com o fim de delimitar alguns conceitos, entendemos que a adolescência é um fenômeno predominantemente cultural, que inclui as devidas especificidades que cada sociedade apresenta. Guignard (2002) destaca que a adolescência não se desenvolve em qualquer lugar ou em qualquer tempo e que, em todos os lugares onde ela pode desabrochar, constitui um privilégio.

A puberdade, por sua vez, ainda que pertencendo à linha do tempo da adolescência – já que, de uma certa forma, a introduz –, é caracterizada por eventos biológicos, predominantemente hormonais; ela marca um antes e um depois, tendo em vista a evidência das mudanças corporais ocorridas. Pode-se dizer que a puberdade carrega o selo da natureza e a adolescência, o da cultura.

Subversão libidinal e reconquista do corpo erótico na puberdade

A chegada da puberdade, com todas as mudanças que a acompanham, implica um novo trabalho de *subversão libidinal* (subversão das funções biológicas em proveito da economia erótica, como nos diz Dejours), de reconquista e construção do corpo erótico, agora por meio da entrada em cena de novos personagens.

As marcas da puberdade, em termos de imagem corporal e dos sucedâneos fantasmas psíquicos que o acompanham, produzem, em nível emocional, talvez o maior momento de desorganização do aparelho psíquico no curso do desenvolvimento (o que não significa patologia). O ressurgimento em um novo corpo das pulsões pré-genitais, mescladas com a generalidade emergente, assim como as derrocadas e a construção das estruturas defensivas junto ao surgimento de novas capacidades egoicas, estabelece uma condição absolutamente nova para o sujeito em crescimento. Tudo isso impele a novas configurações da relação do indivíduo consigo próprio e de suas relações objetais, o que culmina com a substituição gradativa da endogamia pela exogamia.

De uma parte, o corpo sexuado se depara com o efeito de uma revolução bio-hormonal e se encontra confrontado com o que Schaeffer (2008) chama *efractor nutrício* pulsional, que se, por um lado, violenta o ego, por outro, também deve enriquecê-lo e fazê-lo crescer, dentro de um desenvolvimento esperado.

Do mesmo modo, Rother Hornstein (2006) discorre:

> *A puberdade irrompe do corpo, instala o "caos" em um aparente equilíbrio anterior, a latência, que processa silenciosamente a sexualidade infantil. E a puberdade reabre o protagonismo pulsional. O púbere, a partir de sua própria história, de seus anseios, ilusões e desejos, a partir dos suportes de identificação dos outros, da cultura e especialmente de seus pares, escuta esse corpo, o descobre, o ignora, o contém, o odeia, o maltrata, o usa, o adoece. E em cada uma dessas possibilidades se condensam os sonhos, os sofrimentos, os prazeres e os desvelos de uma vida. (p. 125, tradução nossa)*

Cada uma dessas expressões é um elemento que revela diferentes formas de simbolizar os avatares que as suscitam. O protagonismo do corporal na puberdade impõe um trabalho de simbolização inédito.

Segundo Ungar (2008), o pulsional irrompe desde um corpo que se converte em uma espécie de "estranho", que vai determinar uma complexa tarefa de integração a tramitar. Para essa autora, a aparição dos caracteres secundários faz com que os jovens se perguntem: "de quem é este corpo?", ao que poderiamos acrescentar: "para que serve este corpo? O que fazer com este corpo?".

Há uma exigência de trabalho psíquico que implica esforço, energia e criação de algo novo. Diante de tantas indagações, novas integrações, um complexo trabalho de simbolização e o estranhamento corporal, o púbere inaugura um novo corpo, em uma mente a ser reconstruída, em um novo mundo interno e externo. Aryan (2005) revela essas questões, afirmando que, junto com o separar-se do corpo infantil, o púbere deve suportar o encontro com o novo corpo, duas operações divergentes, mas concomitantes, que fazem da experiência puberal uma condição extremamente confusa e caótica.

O desenvolvimento ocorrerá com essas transformações abruptas e desarmônicas, produzindo uma defasagem do esquema corporal e da imagem inconsciente do corpo, exigindo do sujeito um trabalho de escritura e reescritura desse corpo metamorfoseado. É um trabalho de subjetivação, libidinização e escritura do corpo genitalizado, ou seja, uma vida em transformação.

Nesse novo estatuto do corpo, a invasão das excitações, a vacilação a respeito de sua identidade, a exacerbação do conflito edípico, por meio de sua atualização no *après coup* do surgimento da genitalidade, concomitante com a renúncia aos objetos edípicos, é o que deverá ser elaborado pelo psiquismo adolescente. Freud (1987 [1905]) faz uma síntese brilhante sobre o trabalho psíquico exigido nessa etapa: a subordinação da pré-genitalidade à genitalidade, o estabelecimento de novos objetos sexuais e a consolidação da exogamia. Além disso, ele salienta três aspectos que permaneceram vigentes ao longo de sua obra, sempre que a puberdade foi mencionada: o processo de intensificação da pulsão, a exigência cultural de desligamento dos objetos primários e a inscrição da diferença sexual (para além da oposição fálico/castrado).

Phillips (2008) refere que o trauma da adolescência é o aumento repentino da sexualidade e a capacidade recém-descoberta de realmente fazer o que somente se fantasiou como criança (matar os pais e ter várias formas de acesso sexual a eles). "A sexualidade que irrompe na puberdade ameaça partir a ligação do adolescente com os pais. Para o adolescente, o desejo que o manteve na família o conduz ali para fora da família. O atrativo agora é outro: corpos desconhecidos, as experiências não domesticadas de risco de solidão" (p. 96). Para esse autor, o desejo sexual é o caminho para fora da família, conforme esse jovem vai compreendendo que o que ele tão avidamente deseja não poderá ser obtido dos pais ou de seus irmãos.

Para Dolto (1998), tudo aquilo que, no corpo, anuncia as potencialidades reprodutoras provoca nos seres humanos – seres de linguagem – a modificação das relações de "miscibilidades". Faz nascer o projeto de contato e de inter-relações amorosas, de comunicação das emoções e das palavras de desejo que ocupam a imaginação. Além disso, eclode o desejo de agradar para conquistar atenção de um parceiro.

Nessa volta para o corpo e para o desejo de agradar, o púbere se vê fascinado pelo próprio corpo e pelo prazer que ele pode proporcionar. Esse prazer é acompanhado por fantasias de encontros com outrem, mas há dificuldade em deixar o conhecido – que é o familiar – e correr riscos no encontro com novas pessoas, o que gera, muitas vezes, angústia. Segundo Phillips (2008), "na puberdade, a reemergência do desejo sexual muda bastante o adolescente – mais do que ele pode suportar. A antiga paixão pelos pais torna-se uma nova paixão pelo novo" (p. 101).

A necessidade do olhar de seus pares que confirme suas mudanças e suas capacidades torna-se crucial. A multiplicidade, a imponderabilidade desses olhares associada à vulnerabilidade psíquica implícita ao momento de vida, potencializa todo um espectro de riscos internos e externos.

As inconsistências em relação ao ideal de eu, as oscilações em relação à imagem corporal, as frequentes oscilações de humor, junto a uma maior propensão à passagem ao ato, proporcionam um terreno fértil para a expressão do mortífero.

Ser visível para existir – O corpo como espetáculo

Em nossa sociedade, a busca pelo olhar transformou-se em busca pela visibilidade. Para existir aos olhos dos outros, para provar um sentimento de existência, é preciso ser visto por meio de imagens, exibir-se o máximo possível e, para isso, oferecer constantemente imagens de si: estar presente, ser conhecido. Fazer-se ver a qualquer preço. A visibilidade como sinônimo de legitimidade, de garantia de qualidade:

frequência, quantidade e continuidade (quantos acessos, quantos *likes*). A invisibilidade como sinônimo de insignificância, inexistência.

O que é exibido sempre vende uma conotação de perfeição, de felicidade. Estamos imersos em uma cultura voltada para o prazer absoluto, como diz Ghislain Levy (2010), em que o sujeito tende a se encontrar numa situação de profundo isolamento, de perda de singularidade, ao mesmo tempo que se encontra confundido com a massa.

Para Jurandir Freire Costa (2004), a felicidade está intimamente articulada à busca do corpo-espetáculo. O desempenho sensorial do corpo torna-se a chave para o ideal de felicidade a ser alcançado. Essa sujeição do corpo à exposição e à avaliação constantes exacerba as inseguranças, gera angústia, levando o adolescente algumas vezes ao transbordamento por excesso de excitação que não é capaz de elaborar.

Transbordamento

Aqui surge a pergunta feita por Paulo Ferraz (2022): "em que medida e em que condições essa máquina que chamamos *aparelho psíquico* é capaz de ligar as intensidades provenientes do corpo, criando redes de sentido que possibilitem a tramitação das excitações pulsionais?" (p. 11).

A força pulsional traumática convoca, como última defesa, recurso extremo de sobrevivência psíquica, o corpo somático ou, pela via do ato, o corpo em sua esfera motora. O caráter radical dessa resposta aponta para a complexidade dos primórdios da constituição psíquica.

Winnicott (1994 [1963]), em "O medo do colapso", nos alertava para o fato de que o medo de um *breakdown* no presente, medo do vazio ou da morte, já tinha ocorrido no passado, num momento em que o bebê "ainda não estava lá" para vivê-lo, quando ainda não era capaz de acolhê-lo psiquicamente, concebê-lo como uma experiência pessoal. Momento em que, do ponto de vista do bebê, ele não se distingue da mãe, ou de outro cuidador, e em que necessitava desse outro para aplacar suas intensidades.

Para Winnicott (1988 [1954-1955]), há várias maneiras por meio das quais o indivíduo saudável lida com fracassos ambientais específicos, ocorridos no início da vida; uma delas ele chamou de congelamento da situação de fracasso, que fica muitas vezes à espera de que mais tarde surgirá a oportunidade de uma experiência renovada na qual a experiência de fracasso poderá ser delegada e reexperimentada. Uma espécie de esperança.

No entanto, quando ocorrem rupturas prolongadas que excedem em muito a capacidade do bebê de suportar sozinho seus efeitos, a criança fica em risco de ingressar em agonias impensáveis, cair para sempre, desfazer-se em pedaços. Frente à magnitude dessas agonias, o bebê reagirá produzindo uma dissociação. O que foi sofrido mas não vivido fica congelado, isolado, interrompendo o próprio sentimento de existência.

Passagem ao ato

As passagens ao ato representam uma resposta diante de um estado de desamparo no qual a pulsionalidade demasiadamente forte ultrapassa os limites psíquicos de representação e ameaça a integridade psíquica.

Para Natalia Cidade e Silvia Zorning (2023), os atos recontam (ou tentam recontar) uma história particular do sujeito, que por vezes remete à primeira infância e a um momento no qual o pré-verbal estava à frente da cena: "Os fenômenos clínicos que passam pelo corpo ou pelo ato podem ser testemunhos do arcaico ainda vivo e sempre atuante na vida psíquica dos sujeitos" (p. 168).

As escoriações, machucados e cortes autoinfligidos surgem quando o sujeito se encontra em algum tipo de diálogo interno e inconsciente a respeito dos limites de seu próprio corpo. O sangue que coagula na pele é o registro da dor e, nesse sentido, pode ter a função de limite para uma barreira egoica ainda frágil, assim como comportar ainda uma dimensão de linguagem, contendo o valor de mensageiro da memória, seguindo as ideias de Roussillon (2009).

Para finalizar

Para finalizar, voltamos ao título da nossa exposição: "Adolescência e corpo: o que marca o adolescente?".

As marcas no corpo, voluntárias ou involuntárias, muitas vezes são vividas como um "selo", uma marca distintiva que condensa seu ser no mundo e parte de sua identidade.

Desde as primeiras espinhas e nascimento de pelos, fenômenos da natureza, passando por cortes e colorações dos cabelos, aos inevitáveis "chupões" no pescoço, temos um ampliado escopo de possibilidades que podem se encaminhar para outros padrões de conduta em relação ao corpo.

Como pudemos ver, os padrões de conduta do adolescente em relação ao corpo trazem consigo elementos advindos de um tempo primevo, de sua história inicial de subversão libidinal e de todo um trabalho incessante de reconquista do corpo erótico que sempre está acompanhado da relação com um outro – trabalho esse que estamos condenados a executar por toda a vida.

Referências

Aryan, A. (2005). Contribuições à compreensão da experiência puberal. *Revista de Psicanálise da SPPA*, *12*(1), 101-119.

Cidade, N., & Zorning, S. (2023). *Figuras do extremo*. Blucher.

Corso, D. L., & Corso, M. (2018). *Adolescência em cartaz: filmes e psicanálise para entendê-la*. Artmed.

Costa, J. F. (2004). *O vestígio e a aura: corpo e consumismo na moral do espetáculo*. Garamond.

Dejours, C. (2019). *Primeiro, o corpo: corpo biológico, corpo erótico e senso moral*. Dublinense.

Dolto, F. (1998). *Solidão*. Martins Fontes.

Ferraz, F. (2022). Apresentação. In P. Ritter & F. Ferraz (Orgs.), *O grão de areia no centro da pérola: sobre as neuroses atuais*. Blucher.

Freud, S. (1987 [1905]). Três ensaios sobre a sexualidade. In *Obras psicológicas completas* (Vol. 7). Imago.

Guignard, F. (2002). *Cartas ao objeto*. Imago.

Levy, G. (2010). *L'ivresse du pire*. Campagne Première.

Phillips, A. (2008). *Louco para ser normal*. Jorge Zahar.

Pinto da Silva, A. (2016). A puberdade no feminino. In Centro de Estudos Psicanalíticos de Porto Alegre, *Sexualidade: três ensaios sobre a sexualidade*. Evangraf.

Rother Hornstein, M. C. (2006). *Adolescencias: trayectorias turbulentas*. Paidós.

Roussillon, R. (2009). A associatividade e as linguagens pré-verbais. *Revista de Psicanálise da SPPA*, *16*(1).

Schaeffer, J. (2008). Temor y conquista de lo femenino en la adolescencia en los dos sexos. *Controversias en Psicoanálisis de Niños y Adolescentes*, (2), 64-81.

Ungar, V. (2008, set.). *Adolescência y culturas urbanas*. Trabalho apresentado no Congresso da Fepal, Santiago de Chile.

Winnicott, D. W. (1988 [1954-1955]). *Textos selecionados: da pediatria à psicanálise*. Francisco Alves.

Winnicott, D. W. (1994 [1963]). O medo do colapso. In D. W. Winnicott, *Explorações psicanalíticas* (pp. 70-76). Artes Médicas.

8. O lugar das adições no universo adolescente

Vera Elisabethe Hartmann

> *As adições são um fenômeno bem vivo que, de uma maneira ou de outra, toca de perto a experiência de cada um de nós. Estamos constantemente expostos aos seus efeitos.*
>
> Decio Gurfinkel, 2022

"Adolescer" vem do latim *adolescere*, que significa "crescer" ou "desenvolver-se". Daí derivam as palavras "adolescência" e "adolescente".

O universo adolescente, para ser entendido, necessita ser definido. O conceito de adolescência, pode-se dizer que nasceu no século XIX. No século XX adquire seus fundamentos médicos. Certamente, porém, desde a Antiguidade sempre houve uma juventude e um problema da juventude. Os gregos limitavam o problema da passagem pubertária por meio do recrutamento militar (a *efebia*), ao passo que entre as meninas os ritos matrimoniais faziam as vezes de ritos de passagem. Já entre os romanos, o início da idade adulta é marcado pelo dia da tomada da toga viril, aos 17 anos (Delaroche, 2008, p. 3).

Diz esse mesmo autor que é clássico dizer que, nas adolescências primitivas, a adolescência não existia, porque fora substituída pelos ritos de iniciação. Esses ritos servem para resolver problemas psicológicos, como o abandono da infância ou a separação dos pais, que todo adolescente encontra sem que tenha necessariamente consciência disso (p. 3).

Hoje os dois aspectos, o sociológico e o biológico, estão reunidos na conceituação da adolescência.

Freud, no terceiro capítulo dos "Três ensaios sobre a teoria da sexualidade", publicado em 1905 e modificado até 1924, entende puberdade e adolescência como sinônimos. Diz ele: "uma das mais dolorosas realizações psíquicas do período puberal: o desligamento da autoridade dos pais, um processo que, sozinho, torna possível a oposição, tão importante para o processo da civilização, entre a nova e a velha geração" (Freud, 1972 [1905], p. 234). Essa tarefa cabe à adolescência e permite passar da infância para a fase adulta. Para ele, é apenas na adolescência que se afirma a verdadeira fase genital, com a oposição masculino-feminino.

Ainda de acordo com Freud (1972 [1905], p. 228), a "escolha do objeto" é induzida e feita em três tempos: 1) desmame, operação pela qual o sujeito separa a "atividade sexual" da ingestão de alimentos; 2) o período de latência, em que a criança aprende a amar e durante o qual é amada; 3) a puberdade, que permite restabelecer a felicidade perdida antes do desmame.

Em 1915, em nota de rodapé, ele acrescentará o modelo narcísico, "que procura o próprio ego do indivíduo e o encontra novamente em outra pessoa" (p. 229).

O objeto eleito, ou o encontro do objeto na adolescência, como refere Freud nos "Três ensaios", é de fato o eixo da adolescência: é o encontro do Outro que marca a passagem do período da infância para a vida adulta.

Delaroche (2008, p. 13) refere Mâle como o criador da psicanálise do adolescente na França, e concebe a adolescência como um *processo*.

Para ele, a adolescência emerge "do encontro de uma crise vital decisiva" com "estruturas conflituosas que contribuíram para a organização do eu". É preciso considerar o que remete a antigas organizações e o que remete a uma mutação. Esse encontro, com efeito, é visto numa "atualidade vivida", que se deve tentar compreender. Essa ideia de uma distinção entre estrutura (que é permanente) e crise juvenil permite empregar um processo dinâmico e fecundo (Delaroche, 2008, p. 13).

Mâle (Delaroche, 2008, p. 14), apesar de ter uma abordagem flexível da crise, insiste no cuidado estrutural. Refere que a adolescência é o momento de instalação definitiva da estrutura neurótica, psicótica ou perversa, estrutura que se deve reconhecer por meio dos sintomas conflituosos, que define em três formas essenciais:

- A neurose de inibição manifestada por "bloqueios" de todas as ordens, mas que partem da relação com o outro sexo e se espalham como manchas de óleo sobre as atividades sociais e intelectuais. No menino, "angústia de castração", e na menina, uma "frustração fálica".
- A neurose do fracasso. Ligada ao masoquismo e à autopunição, impede o êxito em adolescentes que têm muita aptidão. O conflito inconsciente decorre com frequência de um Édipo, que provoca angústia de castração vivida.
- A morosidade. Nem depressão, nem psicose, mas uma recusa de investir no mundo, nos objetos, nos seres. Ideias como "nada serve para nada, o mundo é vazio" não são propriamente depressivas, mas sim uma energia conservada (acrescento aqui o tédio).

Mâle vê nessa natureza a repetição de um fracasso na resolução das dificuldades da infância. Esse estado moroso prepara a chegada de algumas vivências passadas ao ato: fuga, delinquência, drogas e suicídio (Delaroche, 2008, p. 15).

A partir dessas conceituações, temos a base para a construção de um conceito psicanalítico das adições, que continua, no entanto, sempre em processo.

Decio Gurfinkel (2022), em sua obra sobre adições, afirma que

> *o estudo dos vícios humanos foi influenciado pelos principais desenvolvimentos da teorização freudiana que se seguiram, em particular na teoria das organizações pré-genitais da libido e sua relação com o caráter, a emergência da problemática do narcisismo e a questão do Eu, correlata a ela, e a proposição bombástica da compulsão à repetição. (p. 11)*

A partir do período freudiano, vários estudiosos passaram a se interessar pelo assunto das adições, com destaque para Sandor Radó, Edward Glover, Otto Fenichel e Sandor Ferenczi. Vários conceitos ora se complementam e ora se excluem, sendo que a proposta de Greenberg e Mitchell (1983), citada por Decio Gurfinkel (2022), afirma que a passagem do modelo pulsional para um modelo relacional provocou mudanças significativas na compreensão da gênese das adições a partir de falhas ocorridas nas primeiras experiências objetais (p. 12).

Em termos concretos, temos conhecimento da incapacidade objetiva do recém-nascido em satisfazer por suas próprias forças as exigências das necessidades vitais.

A palavra alemã *Hilflosigkeit* no dicionário *Lagenscheidt Allemand-Français* é traduzida por "incapacidade de se sair bem de situações difíceis, de se virar", e no Larousse é simplesmente traduzida por "desamparo", "abandono" ou "impotência". Já o *Vocabulário da Psicanálise*, de Laplanche e Pontalis (1995), apresenta a noção de *Hilflosigkeit* sob a rubrica *état de détresse* (estado de desamparo). Segundo Freud (1974 [1950]), trata-se de um dado essencialmente objetivo: a impotência do recém-nascido humano e sua incapacidade de empreender uma ação coordenada e eficiente.

Esse tema – desamparo – apresentou-se cedo para Freud, e ele o tratou de forma mais sistemática em 1895, no "Projeto para uma psicologia científica", na seção em que descreve a "experiência de satisfação".

Ora, na idade infantil o ser humano é incapaz de realizar ação específica por seus próprios meios. Ele precisa de ajuda exterior, de um adulto benevolente que efetue essa tarefa.

Victor Guerra (2014a) sistematizou as conquistas e os impasses, progressos e fracassos nos processos de maturação e vinculares que o recém-nascido vai desenvolvendo a partir da imaturidade originária e durante o início da sua vida. Designou com o nome de *indicadores de intersubjetividade* a tradução da intimidade precoce entre a mãe e seu bebê. Citou textos, gestos, frases e ritmos nas cadeias da comunicação gestual e verbal e os entendeu como possibilidades de ternura ou de hostilidade.

Essa realidade arcaica não se limita ao bebê, assim como não termina nele, mas forma a estrutura de uma experiência primordial que é ancorada na sensorialidade e na ritmicidade do encontro com a mãe e que acompanham o sujeito por toda a vida na medida em que as experiências vividas são incrustadas na mente como sulcos ou como cicatrizes, que surgem e ressurgem em diferentes situações, motivadas pela compulsão à repetição.

A construção do vínculo entre a mãe e o filho pode ser vista como uma história de encontros e desencontros, de claridades e opacidades, harmonias e desarmonias e sintonias e dessintonias.

O que Victor Guerra chamou de *subjetividade arcaica* é a maneira pela qual o bebê vai progressivamente formar sua vida pulsional ao longo dos encontros com o objeto. Então a subjetividade depende da maneira como a vida pulsional do bebê é recebida, acolhida, rejeitada ou não compreendida pelo objeto a que ele visa, assim como a maneira como é traduzida a mensagem.

Assim, ele supõe que um caminho para a "compreensão mútua" começa a se estabelecer a partir das manifestações de descarga emocional do bebezinho, quando este está acometido pelo acúmulo de suas necessidades. Suas manifestações corporais e mímicas constituem as manifestações de desprazer ou tensão (Guerra, 2014a).

Sentir-se amado representa, inconscientemente, proteção a todas as ameaças. Correlativamente, a perda do amor ou a separação do protetor pode corresponder ao maior dos perigos: o de ser abandonado à sua própria sorte ante um desamparo sem esperança. Um aspecto que saliento é que, se não há atenção conjunta, se não há encontro, a sintonia afetiva fica prejudicada.

Afirma Decio Gurfinkel (2022) que

> *a falta estrutural da condição humana, as reações contra o desamparo, a busca da restauração narcísica e o conjuro contra a morte, o complexo de castração e a instauração da lei do desejo às expensas do gozo do corpo, a ânsia da fusão ilimitada . . . são contribuições significativas para o esclarecimento das dinâmicas adictivas. (p. 16)*

Conclusão

As falhas na intersubjetividade, e portanto os desacordos, os desencontros, a incompreensão e o desamparo, podem conduzir a quadros depressivos e a outras fenomenologias psicopatológicas, muitas vezes observadas na adolescência.

A revivência dos momentos iniciais da relação mãe-bebê diante da turbulência de emoções, da atemporalidade das redes, do imediatismo e das experiências frente às demandas corporais pode provocar a passagem ao ato dos impulsos e das emoções vivenciadas e, muitas vezes, reflete uma desvalorização de si mesmo, originada por uma baixa autoestima, sensação de vazio, de falta e forte sentimento de desamparo, decorrentes das repetidas experiências de desencontro na estruturação da subjetividade. Essas pequenas grandes vivências marcam um aspecto importante na estruturação psíquica.

Na clínica, sem negligenciarmos o fator atual, o poder determinante do encontro com o objeto, a vertente interativa e suas especificidades revelam a grande intolerância à frustração, a busca infantil do prazer, a dificuldade de aceitar limites e de esperar, a dependência do ambiente, a pobreza no investimento da linguagem, o pensamento operatório, a atividade imaginativa limitada, o comportamento sexual "atuado", a inquietude. O poder da adição, o uso compulsivo de um determinado objeto ou o uso irrefreável deste muitas vezes tornam o adolescente alguém sem liberdade de escolha, de sentir-se capaz ou não de dominar o pensamento e a ação diante do forte desejo de obter satisfação!

Como assinala Gurfinkel (2022): "A adicção é uma forma de escravização . . . A raiz etimológica da palavra nos ajuda a compreender esse aspecto da adição: *adictu* era, na Roma antiga, pessoa que, incapaz de saldar uma dívida, tornava-se escrava do credor, como forma de pagamento" (p. 29); e "Parafraseando Winnicott proponho que o que caracteriza uma adicção não é o objeto usado, mas o uso que se faz do objeto; pois alguém pode jogar ou beber sem que seja um viciado desde que tais condutas não tenham um caráter impulsivo e irrefreável".

E, como refere Freud (1972 [1905]): "Tudo que se relaciona com o problema do prazer e do desprazer toca num dos pontos mais sensíveis da psicologia atual" (p. 215).

Referências

Delaroche, P. (2008). *Psicanálise do adolescente*. Martins Fontes.

Ferenczi, S. (1991). *Obras completas*. Martins Fontes.

Freud, S. (1972 [1905]). Três ensaios sobre a teoria da sexualidade. In S. Freud, *Edição standard brasileira das obras psicológicas completas de Sigmund Freud* (Vol. 7). Imago.

Freud, S. (1974 [1950]). Projeto para uma psicologia científica. In S. Freud, *Edição standard brasileira das obras psicológicas completas de Sigmund Freud* (Vol. 1). Imago.

Guerra, V. (2014a). Indicadores de intersubjetividade 0-12 meses: do encontro de olhares ao prazer de brincar juntos (parte I). *Psicanálise – Revista da Sociedade Brasileira de Psicanálise de Porto Alegre*, *16*(1), 209-235.

Guerra, V. (2014b). *O ritmo e a lei materna nos transtornos da subjetividade arcaica*. Trabalho apresentado no Colóquio Homenage: René Roussillon. Lyon, França.

Guerra, V. (2020). *Vida psíquica del bebé: la parentalidad y los procesos de subjetivación*. Asociación Psicoanalítica del Uruguay.

Gurfinkel, D. (2022). *Adicções: paixão e vício*. Artesã.

Laplanche, J., & Pontalis, J-B. (1995). *Vocabulário da psicanálise*. Martins Fontes.

Maroño, C. (2022). *Un nuevo transitar ante el espejo – vicisitudes del processo puberal*. Letra Viva.

Pereira, M. E. C. (1999). *Pânico e desamparo*. Escuta.

Viñar, M. (2021). Para evocar as contribuições de Victor Guerra. *Calibán – Revista Latino-Americana de Psicanálise*, *19*(1-2), 272-273.

9. Adolescência e assassinatos em massa: uma visão psicanalítica

Ester Malque Litvin

Desde o final dos anos 1990, chacinas em escolas tornaram-se uma triste realidade nos Estados Unidos e vêm ocorrendo com cada vez mais frequência no Brasil.

A violência, sobretudo exercida por jovens adolescentes de classe socioeconômica elevada, tem sido, na atualidade, reiteradamente divulgada pela mídia.

Em 20 de abril de 1999, na Columbine High School, nos Estados Unidos, aconteceu o primeiro massacre em escola que chocou o mundo. Um tiroteio em massa que resultou na morte de treze pessoas, incluindo um professor e os atiradores. O crime foi transmitido em tempo real em muitos canais de televisão norte-americanos, o que levou ao questionamento sobre a influência negativa da mídia nesse tipo de crime.

O massacre foi cometido por dois estudantes do 3º ano do ensino médio do colégio, Eric Harris, de 18 anos, e Dylan Klebold, de 17 anos. Eles entraram na biblioteca do colégio e protagonizaram um dos maiores terrores vividos por estudantes. Em seguida, Eric e Dylan retornaram à cafeteria da escola, onde beberam água, descansaram e conversaram tranquilamente antes de voltar a matar.

Em dezembro de 2021, um membro do Congresso americano postou no Twitter uma foto de Natal com sua família, todos sorridentes e mostrando várias armas, dias depois que quatro adolescentes foram mortos numa escola em Michigan (BBC, 2021).

Em 3 de maio de 2023, um adolescente de 13 anos matou nove pessoas a tiros, com armas de seu pai, um médico renomado, e feriu outras sete numa escola primária da capital da Sérvia, Belgrado (G1, 2023, 3 maio).

Um dia depois, em 4 de maio de 2023, oito pessoas foram mortas e catorze feridas, em uma caçada humana em várias localidades durante uma madrugada inteira, por um rapaz de 21 anos disparando uma arma automática de um veículo em movimento, também na Sérvia. O rapaz foi preso na casa de um parente e estava em posse de quatro granadas de mão e uma grande quantidade de armas e munições ilegais (G1, 2023, 4 maio).

Em 15 de maio de 2023, um garoto de 18 anos atirou a esmo, matando três pessoas e ferindo outras seis, em uma comunidade no estado do Novo México, Estados Unidos (G1, 2023, 16 maio).

Em 19 de junho de 2023, uma jovem foi morta e um rapaz foi atingido na cabeça por um tiro em um colégio do Paraná (Brasil). O assassino tinha 21 anos, era ex-aluno do colégio e entrou na instituição alegando que precisava de documentos (Bukalowski & Tanan, 2023).

No Brasil, desde 2010, ocorreram diversos ataques a escolas perpetrados por alunos ou ex-alunos.

Episódios de violência com armas de fogo são frequentes nos Estados Unidos, um país no qual há mais armas do que pessoas, e onde as tentativas de reduzir sua proliferação encontram forte resistência.

Esses casos, inclusive relatados no cinema (como em *Columbine*, de Michael Moore, e em *Elephant*, de Gus van Saint), nos levam a esboçar algumas hipóteses sobre a motivação dessas histórias dramáticas.

Podemos aventar a possibilidade de patologias do *self*, patologias do narcisismo, muitas vezes incluindo as patologias do vazio, mesmo quando se trata de adolescentes com boas – e às vezes excelentes – condições intelectuais, que evoluem para cristalizar personalidades psicopáticas ou antissociais.

Uma análise baseada em dados do *Columbia Mass Murder Database* (CMMD) aborda o debate sobre se a principal causa dessas chacinas seria a presença de doenças mentais ou a facilidade de acesso a armas de fogo (Brooks, 2023).

"Pessoas com transtornos psiquiátricos graves representam apenas uma pequena parcela dos indivíduos que promovem atos de violência com arma de fogo nos EUA", disse ao *Medscape* o médico e coautor do estudo, dr. Paul Appelbaum, professor de Psiquiatria, Medicina e Direito na Columbia University, nos Estados Unidos (Brooks, 2023). Mas acrescenta que, apesar da ausência de transtornos psiquiátricos graves, quase metade dos criminosos (46%) cometeu suicídio no local da chacina, sugerindo que se viam realizando uma espécie de "último ato" (Brooks, 2023).

Segundo o dr. Ragy, é necessário lidar com a "epidemia de vazio, narcisismo, raiva e rejeição social que afeta muitos jovens do sexo masculino e que, quando associada a uma grande necessidade de serem notados, leva-os a praticar um massacre numa escola" (Brooks, 2023).

Thierry Toutin (2023), pesquisador no centro de pesquisas da Escola Nacional Superior da Polícia, na França, diz que os assassinos em massa agem por motivações pessoais e, frequentemente, são denominados "desequilibrados", por causa de seu perfil ligado ou a uma grande raiva interna incontrolável, ou a um estado depressivo, ou a uma descompensação psicótica, ou a distúrbios de personalidade, ou a um sentimento de perseguição, de humilhação, de mal-estar existencial, ou a intensas frustrações, ou tudo ao mesmo tempo.

O autor refere que o termo "desequilibrado" não pertence à linguagem da Psiquiatria, nem da Psicologia. É utilizado pelas mídias e designa, sem distinção, assassinos mais ou menos frágeis do ponto de vista psicológico, assim como os indivíduos com graves distúrbios psiquiátricos delirantes.

Conclui dizendo que, a bem da verdade, não há um perfil do "assassino em massa desequilibrado", mas uma variedade de perfis acionados por motivações pessoais.

Segundo Olivier Hassid (2012), citado por Thierry Toutin (2023):

> *o assassino em massa é o produto da modernidade. Alimentado na cultura pop, nas séries americanas, nos* videogames *e nas substâncias medicamentosas, ele é o resultado do individualismo levado ao seu paroxismo. Na maioria das vezes, tendo sofrido humilhações múltiplas, uma infância brutal e, portanto, tendo uma imagem depreciada de si, quer se vingar de uma sociedade ou de uma categoria de indivíduos (real ou imaginária) por quem se sentiu desvalorizado. Sua passagem ao ato é, então, ao mesmo tempo, uma busca de reparação das ofensas que lhe foram infligidas, através de uma necessidade imensa de reconhecimento público e de reivindicação de um estatuto de vítima. Consequentemente, através do massacre, busca a celebridade. (p. 88)*

Depois de cada passagem ao ato, a prevenção contra os assassinatos em massa focaliza essencialmente a legislação relativa à aquisição de armas.

Mas é necessário compreender os percursos e dinâmicas, principalmente psicológicas, para poder prevenir as causas.

A fascinação precoce pela violência e pelas armas, a facilidade de aquisição de armas sobretudo ilegais (tráfico de armas), o impacto das mídias, da internet e das redes sociais, a dependência aos *videogames* violentos, os fatores de fragilização na trajetória dos indivíduos, as situações de assédio e violências na escola, o consumo aditivo de substâncias psicoativas, psicotrópicos e/ou de álcool, assim como carências educativas, um sentimento de solidão, de vivência de abandono, de desfiliação social ou de rejeição pela sociedade, dificuldades de integração ou de regulação dos vínculos com a sociedade são regularmente observados. Todos esses fatores contribuem para nutrir no indivíduo o rancor e o desejo de vingança.

Porém, as mesmas causas não produzem forçosamente os mesmos efeitos, provavelmente porque as pessoas não têm as mesmas fragilidades psicológicas e não reagem da mesma forma aos acontecimentos traumáticos de suas vidas, além de não desenvolverem as mesmas capacidades de resiliência. Afirma Julien Marcel, autor com Olivier Hassid do livro *Mass killers*, em entrevista para o jornal francês *20 minutes* (Raynaud, 2012):

> *Frequentemente, os massacres acontecem em sociedades onde o individualismo é importante e onde se valoriza os winners. Os assassinos em massa têm uma trajetória de fracasso em fracasso, estão isolados socialmente, não se encaixam nos códigos e se marginalizam. Ao invés de voltar seu ódio contra si, eles se voltam contra os supostos "culpados" e os punem. Uma vez sua "missão" cumprida, se suicidam ou obrigam as forças policiais a abatê-los... Eles têm uma tendência à encenação e reutilizam os códigos da cultura popular na qual vivem.*

A prevenção passaria por um programa de acompanhamento e cuidado psicossocioeducativo para os mais vulneráveis que apresentarem sinais de radicalização.

Para a psicóloga dra. Thea Gallagher, do Departamento de Psiquiatria da NYU Grossman School of Medicine, nos Estados Unidos, embora seja possível que os atiradores não tenham transtornos psicóticos, é importante salientar que, quando se fala de saúde mental, existe um "espectro e, obviamente, esses indivíduos têm algum grau de sofrimento psicológico, uma vez que estão dispostos a tirar sua própria vida e a de outras pessoas". "Precisamos entender mais sobre como as pessoas chegam a esse ponto e os problemas com os quais estão lidando." Defende a realização de avaliações psicológicas anuais, "assim como é realizada a avaliação médica de rotina". "Quanto mais conversarmos sobre esse assunto e dermos espaço para falarem sobre como estão se sentindo, maior a chance de que essas pessoas que estão enfrentando dificuldades passem a utilizar estratégias de enfrentamento saudáveis e tenham a oportunidade de processar suas emoções, em vez de reprimi-las" (Brooks, 2023).

Luis Flávio Sapori (2023), doutor em Sociologia pelo Instituto Universitário de Pesquisas do Rio de Janeiro (Iuperj), professor do curso de Ciências Sociais da PUC Minas e coordenador do Centro de Estudos e Pesquisa em Segurança Pública, diz que

> *cada um destes eventos tem sua singularidade, mas talvez se possa dizer que está em curso na sociedade brasileira uma nova modalidade de violência que se diferencia dos homicídios que conformam nosso cotidiano. Mesmo sendo poucos casos, pode-se afirmar que se trata de um fenômeno sociológico que está se acentuando com o tempo.*

Esse jovem frustrado e tensionado não está totalmente isolado. Ele tende a se associar a grupos de pares que compartilham as mesmas experiências e frustrações pessoais, especialmente nas redes sociais da internet.

David Le Breton (2011) concorda em não haver nenhum perfil típico. O autor refere que alguns acontecimentos ocorridos na história de vida não são preditivos de uma eventual passagem ao ato assassino.

O assassinato traduz o choque de uma história de vida com uma situação precisa que exacerba as feridas ou as faltas anteriores: abandono, incesto, abuso sexual, maus-tratos, falta de amor, ausência de lei na família, tensões familiares, sentimento de falta de reconhecimento pelos outros etc. No entanto, os assassinos escolares compõem um grupo diferente, mais misto, o que torna difícil estabelecer um perfil psicológico, familiar ou afetivo. Podem ser bem investidos por seus pais ou não; solitários ou sociáveis, oprimidos ou não... Nem sempre crescem em famílias com problemas, mesmo se são, às vezes, largados a si mesmos por causa da indisponibilidade de seus pais por razões profissionais. "É preciso inscrever seus atos no contexto do mundo contemporâneo: afrouxamento dos vínculos sociais, precariedade do vínculo familiar, sede por reconhecimento como consequência de uma sociedade individualista, sentimento de injustiça sentido por não estarem em posição de sucesso..." (p. 325).

Essa questão é acentuada pela impossibilidade de encontrarem na escola a contenção e o *holding* necessários para o estabelecimento de boas bases pessoais.

Para compreender a passagem ao ato de um jovem assassino, convém considerá-lo na singularidade de sua trajetória num contexto afetivo familiar e social, conhecer os escritos que ele deixou e as videodeclarações feitas antes do ato.

Raoult (2008), citado por Le Breton (2011), diz que, "Nos massacres escolares, a passagem à violência ou ao assassinato é uma resposta ao sentimento de insignificância que o narcisismo patológico destes adolescentes tenta em vão combater. Sua finalidade visa à dessubjetivação do outro e sua anulação enquanto portador de um desejo próprio" (p. 326).

São quase sempre meninos; eles matam seus professores ou seus pares, que eles conhecem às vezes desde a infância, quer dizer, aqueles que foram importantes para eles.

Esses eventos muito mediatizados tornaram possível e reproduzível uma maneira de "acabar em grande estilo", ganhando notoriedade, ao mesmo tempo, "fazendo pagar" os que não quiseram lhes dar o lugar que pensavam merecer (Le Breton, 2011).

O massacre de Columbine[1]

No massacre de Columbine, ocorrido em 20 de abril de 1999, Eric Harris, 18 anos, e Dylan Klebold, 17 anos, fortemente armados, entraram no colégio em que estudavam atirando, mataram 12 alunos e um professor e feriram 23 pessoas e depois se mataram.

Eric era um bom aluno. Devido a problemas de saúde na infância, era pequeno e tinha um tórax mal desenvolvido, se descrevia como "*that weird looking* Eric KID". Seu sentimento de identidade era vago: "Eu tento sempre ser diferente, mas acabo sempre copiando alguém" (p. 56).

No seu diário escreveu que gostaria de eliminar o "gênero humano" inteiro, segundo ele "ninguém deve sobreviver" (p. 65).

> *Ódio! Estou cheio de ódio e eu adoro isso. Eu odeio as pessoas e elas deveriam ter medo de mim se elas soubessem o que eu lhes reservo. Sim, tenho ódio e quero que todo mundo saiba disso, sim, sou racista e isto não me causa nenhum problema. (pp. 74-75)*

Acreditava que ele e Dylan eram superiores aos outros, considerava-os alienados ou "robotizados". Onipotentemente declarou:

> *Ninguém vale nada a menos que eu decida diferente, tenho a impressão de ser Deus e realmente eu gostaria de ser,*

---

1 As palavras de Eric Harris e de Dylan Klebold são traduções nossas retiradas da obra *La logique du massacre: Derniers écrits des tueurs de masse*. Éditions Inculte, 2010.

> *gostaria que todo mundo fosse oficialmente inferior a mim. Já sei que sou superior à maioria das pessoas neste maldito Mundo em termos de inteligência. (p. 65)*

E ainda "Ninguém merece viver neste planeta, a não ser eu e aqueles que eu escolho" (p. 57).

Porém, em outros momentos escreveu:

> *Todo mundo goza de mim por causa da minha aparência, porque sou fraco e todas essas bobagens; Ah! Então vocês vão me pagar: uma última vingança. Vocês deveriam ter me tratado com mais respeito; então talvez eu não estivesse a ponto de arrancar-lhes a cabeça. Mas sempre detestei minha aparência... É daqui que vem meu ódio, ele provém do fato de que eu tenho uma opinião de mim mesmo, em particular no que concerne às meninas, o* look *etc. ... não me respeitam e isso me incomoda. Hoje, tenho explosivos suficiente para matar uma centena de pessoas ... e ainda não seria suficiente. (p. 74)*

Dylan, seu companheiro de massacre, escreveu em seu diário sobre sua tristeza, solidão e fracassos: "Tenho uma vida de merda. Uma verdadeira merda – tenho a impressão de que estou destinado a um sofrimento eterno, em todas as direções, em todas as realidades" (p. 82).

Como Eric, Dylan tinha amigos, mas se sentia infinitamente só:

> *Não sei o que tenho com as pessoas (sobretudo as "minas"), é como se elas me odiassem e me ignorassem, não sei o que dizer, nem o que fazer ... Sempre fui detestado, em todo lugar e por todo mundo ... (pp. 85 e 92)*
>
> *talvez fazendo uma carnificina com Eric seja a única maneira de me liberar ... A verdade: em 26,4 horas, estarei*

> *morto, e feliz. Os filhos da puta zumbis vão se dar conta de seus erros, e sofrer para sempre, urrando de dor. (pp. 108 e 117)*

Langman (2009), citado por Le Breton (2011), resume o tom dos dois diários íntimos dizendo que "Eric é cheio de raiva porque o mundo não é suficientemente bom para ele. Dylan é cheio de raiva porque ele não é suficientemente bom para o mundo" (p. 62, tradução nossa).

O massacre que praticaram é como uma liberação de um sofrimento e tensão incontornáveis: "A hora chegou de morrer, a hora chegou de nos liberar, a hora chegou de amar" (p. 117).

Os assassinos escolares são com frequência meninos com dificuldades em sua identidade masculina por não terem corpo atlético e, por isso, não serem "populares". São apaixonados por videogames ou filmes ultraviolentos. Constroem um personagem imaginário que é a antítese de como se sentem (Le Breton, 2011).

A maioria dos crimes escolares são cometidos por dois meninos que "encenam um ritual de virilidade" (Le Breton, 2007, citado em Le Breton, 2011), reforçando-se mutuamente e, assim, levantando toda inibição e escrúpulos morais.

Segundo Le Breton (2011), eles oscilam entre exaltação e depressão. A ação e a quantidade de vítimas são percebidas por eles como atos divinos: decidir sobre a vida ou a morte dos outros. Buscam a notoriedade, mesmo morrendo. "Dar o troco" àqueles que os impediram de "aceder a esse Ego grandioso".

Lebrun (2007), citado por Le Breton (2011), diz que, na contemporaneidade, sentimentos de vergonha ou de culpabilidade estão com frequência ausentes. Esses jovens assassinos se caracterizam por total falta de empatia com suas vítimas; não conseguem se identificar com elas.

Assim, Eric escreveu em seu diário, antes do massacre: "Meu objetivo é destruir o quanto possível, não devo então me deixar distrair por meus sentimentos, a compaixão, a pena ou o que quer que seja. Devo me persuadir que cada pessoa é um monstro vindo direto de Doom[2]" (p. 70).

Os jovens assassinos, segundo relata Le Breton (2011), são surpreendentemente admirados nos Estados Unidos. Uma jovem de 17 anos, ao ser entrevistada, diz que admira os *serial killers* porque são muito inteligentes e fazem o que eu não poderia fazer. Uma outra jovem diz que os assassinos fizeram bem em fazer justiça com as próprias mãos porque eram perseguidos e não teria adiantado denunciar os colegas perseguidores porque ninguém faria nada.

"Nos sites da internet, os *school shooters* são caracterizados como infelizes vítimas e como retificadores do que está errado, heróis contemporâneos com os quais se identificar" (Le Breton, 2011).

Penso que podemos falar, nesses casos, de massacres em massa agidos por adolescentes, nas escolas, em psicopatologia narcísica extrema da adolescência atual, que precisa ser pensada de uma perspectiva interacional, desde a concepção.

Alain Braconnier e Bernard Golse (2008) vêm propondo, nos últimos anos, uma reflexão sobre as analogias e intrincações entre o desenvolvimento do bebê e o desenvolvimento do adolescente.

Vários conceitos se originaram da importância atribuída por Winnicott às funções parentais precoces como estruturantes do psiquismo. É o caso da sintonia afetiva de Daniel Stern; da noção de encontro de Piera Aulagnier; do apego e da segurança básica de Bowlby; da teoria da mente e da função reflexiva de Fonagy. Esses conceitos enfatizam sempre a importância do que foi impresso precocemente, na interação entre o mundo interno, em construção, e o mundo externo, ou ambiente.

Anne Alvarez, citada por Escosteguy (2009), diz que a "causa" do déficit cognitivo ou do retraimento emocional, ou de ambos, num bebê nunca está inteiramente na mãe. Os suportes sociais e culturais

2 Doom é um videogame ultraviolento.

(o apoio do(a) companheiro(a), o apoio na volta para casa, um bom relacionamento entre o casal parental e o nível socioeconômico) levam a um processo de desenvolvimento favorável ou defeituoso.

Paulina Kernberg, citada por Escosteguy (2009), diz que no narcisismo patológico ocorre um investimento libidinal por uma estrutura de *self* patológico, na qual o *self* grandioso emergiu como uma defesa contra intensos conflitos pré-edípicos sobre amor e agressão; e não ocorre a progressiva integração de objeto ideal, ideal de *self* e precursores de superego na estruturação do superego, que se realiza no narcisismo normal.

A criança projeta sua raiva reativa e sentimento de maldade sobre os pais, enquanto se refugia em algum aspecto de si mesma que percebe que seus pais valorizam, desenvolvendo o *self* grandioso que a defende.

Otto Kernberg (1992), citado por Escosteguy (2009), refere que, especialmente nos pacientes adolescentes com grave patologia narcísica e traços antissociais, o ódio, a inveja e o ressentimento objetivam a destruição do objeto. Quando não manifestam preocupação ou culpa, alguma percepção honesta da natureza inadequada de sua forma de vida pode ainda evitar a evolução para a personalidade psicopática se receberem psicoterapia psicanalítica individual intensiva, combinada com terapia para todo o núcleo familiar, com outro terapeuta, além de eventuais mudanças no ambiente, que permitam o afastamento do lar, antes de cristalizar-se como uma personalidade antissocial propriamente dita (p. 45).

Para Schore (2003), citado por Escosteguy (2009), experiências traumáticas precoces, a exposição a modelos agressivos e o apego inseguro levam uma criança a desenvolver estruturas de memória que contêm um esquema de mundo hostil e um repertório de respostas agressivas, que podem se agravar na adolescência (p. 297).

No epílogo de seu livro, Schore (2003, p. 303) escolhe a seguinte citação de Thomas Verny (2002):

> *A maioria das crianças emocionalmente negligenciadas ou traumatizadas não se tornam sociopatas ou criminosos violentos. Usualmente, se estas crianças tiveram alguma relação positiva – por exemplo, com um avô/avó ou um professor muito querido – elas irão ter sucesso no seu funcionamento, e até desenvolver-se bem. Entretanto, aqueles que não tiveram esta sorte irão mais provavelmente sofrer um sentido de vazio e solidão, porque são incapazes de se conectar com os outros. Outros se conectam, mas somente através de relações que são destrutivas ou perturbadas. (p. 201)*
>
> *Esta observação, para Schore, enfatiza a importância crítica de até uma única relação – oportuna, sintonizada, benigna – que, ao mesmo tempo, pode alterar a trajetória desenvolvimental afastando a violência, e redirecionando uma criança que seria levada a um padrão de organização fixada em uma personalidade psicopática, incapaz de conectar-se emocionalmente, ou a uma personalidade* borderline *que forma conexões patológicas com as outras pessoas. (Escosteguy, 2009)*

Schore (2003) refere que o hemisfério cerebral direito, que é um fator protetor contra o risco de violência, é dominante nos primeiros anos da vida humana, e, por isso, "tratamento e intervenção necessitam iniciar muito mais cedo na vida, do que até agora, a fim de que haja sucesso em maximizar a prevenção da violência" (p. 304).

Em resumo, há uma sobredeterminação na psicopatogenia do narcisismo patológico grave, profundamente ligada aos tempos atuais.

Referências

BBC. (2021, 6 dezembro). Deputado dos EUA é criticado por foto de Natal com armas dias após massacre em escola. https://oglobo.globo.com/

mundo/dias-apos-massacre-deputado-americano-posta-foto-de-natal-com-familia-ostentando-armas-1-25306790.

Braconnier, A., & Golse, B. (2008). *Nos bébés, nos ados.* Odile Jacob.

Brooks, M. (2023). Chacinas em escolas nos EUA: doença mental grave não é fator significativo. *Medscape.* https://portugues.medscape.com/verartigo/6509652?form=fpf.

Bukalowski, G., & Tanan, K. (2023, 19 junho). *Jovem morta e rapaz atingido na cabeça por tiro em colégio do Paraná eram namorados, diz família.* https://g1.globo.com/pr/norte-noroeste/noticia/2023/06/19/jovem-morta-e-rapaz-atingido-na-cabeca-por-tiro-em-colegio-do-parana-eram-namorados-diz-familia.ghtml.

Durn, R. et al. (2010). *La logique du massacre. Derniers écrits des tueurs de masse.* Éditions Inculte.

Escosteguy, N. (2009). Kevin: do bebê ao adolescente: uma psicopatologia narcísica extrema. *Revista de Psicanálise da SPPA*, *16*(2), 363-392.

G1. (2023, 3 maio). Menino abre fogo em escola na Sérvia e mata oito estudantes e um segurança. https://g1.globo.com/mundo/noticia/2023/05/03/menino-abre-fogo-em-escola-na-servia.ghtml.

G1. (2023, 4 maio). 8 pessoas morrem em novo tiroteio na Sérvia; suspeito é preso. https://g1.globo.com/mundo/noticia/2023/05/04/pessoas-morrem-em-novo-tiroteio-na-servia.ghtml.

G1. (2023, 16 maio). Garoto de 18 anos atira aleatoriamente matando 3 e ferindo outros 6 em comunidade dos EUA. https://g1.globo.com/mundo/noticia/2023/05/16/ataque-a-tiros-deixa-3-mortos-e-6-feridos-nos-eua.ghtml.

Le Breton, D. (2011). Sur les massacres perpétrés par des adolescents dans leurs école. *Adolescence*, *29*(2), 325-337.

Raynaud, I. (2012, 19 dezembro). Tuerie de Newton: "La France aussi a eu des tueurs de masse". *20 minutes*. https://www.20minutes.fr/monde/1067147-20121219-tuerie-newtown-la-france-aussi-tueurs-masse.

Sapori, L. F. (2023, 12 abril). Massacres em escolas no Brasil. *Fonte Segura*. https://fontesegura.forumseguranca.org.br/massacres-em-escolas-no-brasil/.

Toutin, T. (2023). Sains d'esprit ou simples d'esprit. In T. Lamote, P. Cotti, & V.-P. Christopoulou (Orgs.). *Violences collectives, crimes de masse et terrorisme – approches clinique, criminologique, philosophique.* MJW Fédition.

10. Consciência geracional, exogamia e subjetivação na adolescência[1]

Ana Rosa Chait Trachtenberg

> *De esportista a intelectual, de religioso a agnóstico, de roqueiro a barroco, de científico a empirista, em todo caso um sonhador: o adolescente não sabe onde ou como aterrisará seu Ego. Daí deriva seu grande interrogante e seu grande desafio. Até a infância a identidade se completava bastante com as afirmações "eu pertenço a esta família", "eu sou filho de papai e mamãe". Desfeita esta "pertença", por dizer de algum modo, o adolescente necessita sair para conquistar novos territórios, diferentes "famílias", novos enunciados em relação aos que o acompanharam e o sustentaram até a irrupção da sua necessidade . . . de ser e de querer ser, construtor ou co-construtor de si mesmo. . .*
>
> Lerner, 2006

Desde sua primeiríssima migração, do ventre materno para o mundo externo, até a morte, o sujeito terá que cruzar os mais diferentes mundos na busca de espaços de subjetividade. A travessia adolescente é,

1 Versão revisada do capítulo "Consciência geracional, exogamia e subjetivação na adolescência". In A. Trachtenberg, A. R. C. et al. (2018). *Por que psicanálise vincular?* Criação Humana.

possivelmente, a mais turbulenta de todas elas. Do grupo familiar, passando pelo grupo de pares, a adolescência culmina na exogamia, ocasião em que se abre o espaço – de vida – para uma nova geração.

"A pós-modernidade, que nos invade com incertezas, um mundo de fluidez, cheio de questionamentos, a chamada modernidade líquida" (Bauman, 2001), nos impõe o abandono da posição outorgada pela busca de verdades e de consistências, da modernidade sólida. A psicanálise, criada no apogeu da modernidade sólida, centrada na sexualidade, é a mesma que hoje nos convida a pensar novos paradigmas, que incluem as questões da subjetividade.

A importante crise na ocupação da função parental, tão comum em nossos dias, nos conduz a perguntas como: quais são as marcas nas crianças e nos adolescentes dessa vacilação da função parental?

O efeito traumático dessa situação não pode ser ainda verdadeiramente avaliado, mesmo que tenhamos, já, alguns pontos de observação e algumas hipóteses, como as patologias do vazio, as drogadições, as somatizações, os abusos com o corpo etc. Serão essas as marcas desta geração de adolescentes?

Observamos, não sem susto, a precocidade das crianças no que se refere ao sexo, à erotização por meio de suas roupas, aos gestos e às músicas sensualizadas que passaram a fazer parte da infância etc. Ao mesmo tempo, espanta a naturalidade, egossintonia ou estímulo que tomaram conta da mente de jovens pais. Observamos uma enorme confusão adulto/criança, com ruptura de potenciais estruturantes, muitas vezes disfarçada como informação e proximidade geracional.

Entendo que, na sociedade pós-moderna ou de modernidade líquida, essa confusão geracional, esse excesso permitido e não contido que lhe é tão peculiar, nos indica que *a família pós-moderna mostra-se despreparada para albergar e conter os novos vínculos subjetivantes.*

Pensar o aparelho psíquico como um sistema aberto, que se organiza com zonas diferenciadas, denominadas espaços, com representações relativas às experiências que o sujeito desenvolve com o seu corpo, com os outros e com o contexto social, é pensar nos vínculos subjetivantes.

Assim, observamos o sujeito, o adolescente, como vivendo e tendo raízes de forma simultânea em vários mundos, e cada um deles entrando em cena de acordo com o estímulo recebido. Teríamos, então, três espaços psíquicos, de acordo com Berenstein (2004):

Espaço intrasubjetivo – é o mundo interno, com suas representações, fantasias, sonhos. Ele precisa do outro para se constituir, mas se move independentemente da presença deste.

Espaço intersubjetivo – é o espaço onde o sujeito está com o outro e com ele intercambia amor, ódio, ternura. Esse espaço só se configura na presença do outro, e isso é justamente o que constitui a diferença entre relação objetal e vínculo.

Espaço transubjetivo – é o espaço sociocultural, no qual se estabelecem relações com um ou vários representantes da sociedade: valores, crenças, ideologias, história, tragédias sociais.

Espaço intrasubjetivo – "Revolução permanente das gerações"

Aqui a perspectiva é a abordagem psicanalítica clássica, a dos objetos internos, a do complexo edípico como complexo nuclear das neuroses, com a qual trabalhamos permanentemente e na qual não vou me deter. Eu gostaria de mencionar, a título de homenagem, a original ideia de Donald Meltzer (1979) sobre diferentes estados mentais e a "revolução permanente das gerações".

Ele reconhece que há verdadeiras lacunas entre as gerações, marcadas pela proibição ao incesto, impostas pela realidade psíquica, e que as gerações não se entendem, pois falam línguas diferentes. Ajuda-nos a desfazer alguns estereótipos, como: os adolescentes são rebeldes, ou revolucionários, e os adultos são conservadores etc. Logo diz que a população política pode, do ponto de vista da realidade psíquica, ser dividida em duas gerações distintas, com três grupos dentro de cada geração. Uma geração dos 18 aos 50, e outra dos 50 aos 80 anos. Dentro de cada uma delas estão os rebeldes, os conservadores e os revolucionários. São estados mentais ou realidades psíquicas diferentes entre si, que podem estar no intrapsíquico de cada sujeito, independentemente de sua idade.

A *rebelião* inclui todos aqueles estados relacionados com o auge do complexo edípico, no qual a luta contra o incesto ainda é preponderante. Caracteriza-se pelo desprezo ao passado, voracidade pelo poder, ressentimento contra a autoridade, idealização da novidade e descrença na importância da experiência para o desenvolvimento da sabedoria. Meltzer (1979) diz: vital aos 15, torna-se antissocial aos 25.

O *conservadorismo* é o estado mental resultante da regressão aos mecanismos da latência, e seu desejo de obter estabilidade a qualquer preço o inclina a sacrificar o crescimento e o desenvolvimento, da mesma forma que sacrifica a paixão sexual a favor do conforto.

O *espírito revolucionário* surge com a discriminação entre objetos internos e externos, com resignação pela falta de comunicação com a geração mais velha e pela limitação da compreensão que poderá ter com relação aos mais jovens. Desperdiçar seu tempo de vida (considerado uma dádiva) é seu grande medo, mas inclina-se a esperar pela inspiração, vinda de seus objetos internos, e pelas oportunidades, vindas de fora. Tende a trabalhar com esforço e a olhar para a frente com alegria, para a vinda de uma nova geração, para a qual poderá passar a responsabilidade pelo mundo, enquanto se volta para a introspecção e para a busca da sabedoria.

Espaço intersubjetivo – Complexo e configuração edípica

A partir da perspectiva do espaço intersubjetivo, podemos ampliar a compreensão do Complexo de Édipo, entendendo sua relação com a sexualidade infantil e com a *diferença entre os sexos*, mas também pela *diferença entre gerações*. É na dupla diferença do Complexo de Édipo (Green, 1993, 1996), na diferença de sexos e de gerações, que reside seu alcance estrutural e histórico para a organização do desejo humano.

Conforme Green, as hipóteses de C. Lévi-Strauss sobre a proibição do incesto, como norma e fundamento para a diferença entre natureza e cultura, teve enorme influência nos desenvolvimentos psicanalíticos pós-freudianos. O grande desafio do ser humano, também colocado no enigma da Esfinge, e especialmente ativo ao longo do processo adolescente, é descobrir como o filho do rei pode também tornar-se rei, como o pai, ocupar seu lugar sem ter que, para isso, matá-lo. Com o fluxo das gerações, a sucessão dos estágios que marcam a humanidade, e que estão ligados à temporalidade e à imperfeição, reis e filhos de reis podem conviver lado a lado com uma ordem social harmoniosa.

Como é do conhecimento de todos nós, o mito de Édipo, universalizado por Sófocles (1970) e utilizado magistralmente por Freud (1982 [1892-1899]), enfatiza o aspecto do desejo erótico do filho por sua mãe, bem como o desejo parricida do filho para com o rival, seu pai. Essa clássica descrição corresponde ao Complexo de Édipo positivo, cujos desdobramentos, observados desde a perspectiva intrapsíquica, nos são já bastante familiares. Para esse filho, que é incestuoso e parricida, há um pai castrador, que ameaça simbolicamente com a castração, e também um pai proibidor, que instala a lei, impedindo a consecução do incesto. Esse filho, ao utilizar a repressão como eficaz defesa de autopreservação, está se deixando atravessar pela dolorosa experiência da renúncia de seu objeto erótico. Assim procedendo, o sujeito tolera postergar até a idade adulta as satisfações buscadas, quando então entram em ação os objetos substitutos, que o são graças aos vários deslocamentos que sofrem ao longo da vida. Essa artimanha, bem como o reconhecimento da diferença de gerações, que torna a exogamia possível, está perpassada por um pai que *se faz edípico*, ao proibir uma mulher específica. Assim, edípico, permite ao filho a concepção de um projeto exogâmico próprio para seu futuro. Essa novela neurótica possibilita um desfecho favorável, no qual existem pelo menos dois espaços psíquicos discriminados, havendo lugar para dois homens e duas mulheres.

Robert Graves (1998), outro importante estudioso da mitologia, oferece um aspecto novo, complementar, do Mito de Édipo, chamando nossa atenção para a cena do encontro de Édipo e Laio num estreito desfiladeiro. O primeiro tentava escapar da predição do oráculo, que fazia dele um futuro parricida, fugindo de Corinto, onde moravam seus pais adotivos. A ótica de Graves, que salienta o encontro de ambos, pai e filho desconhecedores dessa relação, num desfiladeiro, onde só há passagem para um, nos permite seguir Haydée Faimberg (1996, 2000) naquilo que ela chamou *configuração edípica*. A perspectiva intrapsíquica, suficiente para a compreensão dos fenômenos ligados ao *Complexo de Édipo*, neste caso os desejos parricidas de Édipo, nos exige agora um olhar desde a ótica intersubjetiva, em que interessa estudar essa relação fantasiosa, mas também a relação de pais para filhos, lembrando sempre que estas são assimétricas desde o começo da vida da criança, graças ao seu desamparo.

Na abordagem da configuração edípica, é essencial entender os mecanismos de regulação narcisista na relação do pai narcisista para com seu filho: não existem dois espaços psíquicos separados; a dor da diferença se vê eliminada pelo funcionamento de apropriação e intrusão, bem como da eliminação dos bordos de subjetividade entre os indivíduos. Assim, ao tentarmos visualizar o encontro de Édipo e Laio num estreito desfiladeiro onde só havia passagem para um, duas situações se apresentam: nenhum deles se reconheceu como diferente ao outro, jovem um deles e ancião o outro. Ambos lutam para obter a passagem pelo desfiladeiro, metáfora do poder e do domínio de um espaço psíquico único, que domina a lógica do narcisismo, a lógica do ou/ou. Laio, paradigma do pai narcisista, considera que existe um único objeto de amor e de ódio, e esse modo de funcionamento conduz a uma solução narcisista da rivalidade edípica, um deve viver e o outro, morrer: é a lógica do filicídio/parricídio.

Esse é um desfecho que não contempla uma *proibição*, mas, sim, a *morte*. Aqui, não há lugar para dois homens e duas mulheres, ao contrário da saída exogâmica, postergada, que a dolorosa passagem pelo canal, desfiladeiro do Complexo de Édipo, impõe. O que ocorre na configuração edípica, narcísica, é que, assim como no desfiladeiro, só há lugar para um homem e uma mulher. Um deles morre, física ou psiquicamente, enquanto a mulher do desejo erótico é invariavelmente a mesma. Não há deslocamentos para outras escolhas objetais, não há futuro, aqui vale somente o presente.

O apagamento narcisista da diferença de gerações, a telescopagem, pode nos ajudar a pensar os nossos dias, quando observamos, em nossos consultórios e no mundo lá fora, a luta desesperada pela eterna juventude e imortalidade – o culto ao corpo, por exemplo –, em especial quando os filhos adolescentes tomam ares muito belos. A pretendida imortalidade se apresenta ali, na cena congelada daquelas duas gerações, com suas histórias colapsadas, coladas umas às outras. Tudo está preenchido, e se esgota, em apenas duas gerações; por antecipação se mata a terceira, a dos filhos dos filhos. Observa-se, assim, uma forma bastante particular de filicídio. Não se trata do filicídio praticado por Laio, atuado, mas sim, de um *filicídio mudo* (Trachtenberg, 2020), com inibição da exogamia, dos projetos, da construção de um espaço psíquico diferenciado e vivo. Rompe-se a cadeia ou o elo criativo entre as gerações, e esse filicídio mudo, que traz o mito e a configuração edípica para o nosso cotidiano, mostra uma resolução narcisista e pretensamente não dolorosa das diferenças entre sujeitos, sexos e gerações.

Conforme já mencionado em outra publicação (Trachtenberg, 2023) e seguindo Haydée Faimberg (1996), a autora denomina "telescopagem entre gerações" o fenômeno que tem como modelo a carambola entre automóveis ou as bonecas russas (*matryoshkas*), que entram umas nas outras, resultando no que agora chama de "identificação inconsciente narcisista alienante". Essa forma particular de relação tem como modelo a identificação projetiva e ocorre sob o domínio do narcisismo, sem respeito aos bordos ou limites da subjetividade. Permite ao progenitor fazer uso do espaço psíquico do filho sem discriminá-lo de si próprio. No dizer de Kancyper (2004):

> *todos os sujeitos terão que atravessar inexoravelmente pelo angustiante ato de confrontação com seus pais e irmãos nas realidades externa e psíquica, para desamarrar-se daqueles aspectos des-estruturantes de certas identificações. A confrontação coloca ao outro na situação de perder o seu depositário, ou seja, traz o perigo de desestruturar a sua organização narcisista. (p. 192)*

Espaço transubjetivo – Espécie adolescente e consciência geracional

Vou me referir, muito brevemente, desde a ótica do espaço transubjetivo, ao grupo adolescente, já tão conhecido de todos nós.

Quero destacar, apenas, que é por sua pertença a ele que o adolescente se constitui numa *espécie adolescente* (Konicheckis, 2004), e é também ali onde tem seu começo uma *consciência geracional*, capaz de marcar diferenças, diferenças essas de caráter estruturante.

Os laços entre o indivíduo e a espécie se transformam e se elaboram por meio da experiência de grupo, tão necessária e particular nos adolescentes. No grupo, o adolescente se desprende da espécie familiar para fundir-se, em princípio de uma maneira temporal, numa nova espécie.

O grupo de pares adolescentes constitui ao jovem numa *espécie adolescente*, representante de uma classe, na qual a individualidade permanece ainda indiferenciada. As diferenciações entre a subjetividade própria e as demais, entre os espaços interno e externo, se dissolvem.

A partir da massa uniforme, coro de uma só voz, cria-se uma mentalidade de grupo, portadora de uma história coletiva, que dá forma e impulso a uma geração propriamente adolescente, capaz de fazer surgirem individualidades. A espécie adolescente define o jovem com relação a uma geração. Entretanto, a consciência de pertencer a uma determinada geração, a consciência geracional, não surge no transcurso da adolescência, ela surge *a posteriori*, como uma ressignificação dela.

O grupo, esse espaço indizível, pleno de ambiguidades, propicia, como na área potencial de Winnicott, o surgimento de uma nova experiência cultural, compartida e compartilhável com os demais.

O grupo de adolescentes afirma, em voz bem alta, a diferença de gerações. Como uma antessala transicional, afasta o jovem do entorno familiar e lhe permite resolver, em mais longo prazo, seus conflitos intergeracionais. Essa etapa ímpar na vida de um sujeito, plena de permeabilidades, possibilita desidentificações e novas identificações, tanto telescópicas, intergeracionais, como transgeracionais (Trachtenberg, 2002, 2005).

Referências

Bauman, Z. (2001). *Modernidade líquida*. Jorge Zahar Editor.

Berenstein, I. (2004). *Devenir otro con otro(s)*. Paidós.

Faimberg, H. (1996). El mito de Edipo revisitado. In R. Kaës et al. *Transmisión de la vida psíquica entre generaciones*. Amorrortu.

Faimberg, H. (2000). Entrevista. *Psicanálise – Revista da Sociedade Brasileira de Psicanálise de Porto Alegre*, 2(1), 225-248.

Freud, S. (1982 [1892-1899]). Fragmentos de la correspondencia con Fliess. *Obras completas* (Vol. 1). Amorrortu.

Graves, R. (1998). *Los mitos griegos 2*. Alianza Editorial.

Green, A. (1993). *Narcisismo de vida, narcisismo de muerte*. Amorrortu.

Green, A. (1996). *El complejo de castración*. Paidós.

Kancyper, L. (2004). *El complejo fraterno: estudio psicoanalítico*. Lumen.

Konicheckis, A. (2004). Subjetivación individual de la espécie en la pubertad. In Ulriksen de Viñar, M. (coord.). *Pensar la adolescencia*. Ediciones Trilce.

Lerner, H. (2006). Adolescencia, trauma, identidad. In M. C. R. Hornstein (Comp.). *Adolescencias: trayectorias turbulentas*. Paidós.

Meltzer, D. (1979). *Estados sexuais da mente*. Imago.

Sófocles. (1970). *A trilogia tebana: Édipo Rei, Édipo em Colono, Antígona*. Zahar.

Trachtenberg, A. R. C. (2002). Espaço psíquico geracional e as identificações telescópicas. *Psicanálise – Revista da Sociedade Brasileira de Psicanálise de Porto Alegre*, 4(1), 195-202.

Trachtenberg, A. R. C. (2005). Trauma, transgeracionalidade e intergeracionalidade: uma transformação possível. In A. R. C. Trachtenberg, et. al. *Transgeracionalidade – de escravo a herdeiro: um destino entre gerações*. Casa do Psicólogo.

Trachtenberg, A. R. C. (2020). Édipo: configuração e complexo: um adolescente no desfiladeiro. *Psicanálise – Revista da Sociedade Brasileira de Psicanálise de Porto Alegre*, 22(1), 100-105.

Trachtenberg, A. R. C. (2023). *Transgeracionalidade/intergeracionalidade: Holocausto e dores sociais*. Blucher.

11. Quando o desfecho é o suicídio – Contribuições de Donald Winnicott ao entendimento do tema

Fábio Martins Pereira

O suicídio no Brasil e no mundo mostra-se um problema de saúde pública. Dados da Organização Mundial da Saúde (OMS) indicam que mais de 700 mil pessoas morreram por suicídio em 2019, sendo esta a quarta causa de morte na faixa etária entre 15 e 29 anos. Várias ações realizadas no intuito de reverter esse quadro foram efetivadas; mas, infelizmente, nas Américas, a taxa subiu 17% no mesmo período. Além disso, para cada suicídio consolidado estima-se cerca de vinte tentativas não computadas (World Health Organization, 2021). No Brasil, segundo a Associação Brasileira de Psiquiatria, ocorrem cerca de 14 mil casos consumados por ano.[1]

Fenômeno complexo e de abordagem multidisciplinar, o suicídio possui inúmeros estudos com várias perspectivas desenvolvidas neles. Dentro da psicanálise, segundo Elisabeth Roudinesco, o tema remonta aos primórdios da disciplina, quando, em 20 de abril de 1910, Alfred Adler organizou uma reunião dedicada ao suicídio de crianças e adolescentes, sendo que em 1883 Sigmund Freud já se dedicara a analisar o tema em uma carta à sua noiva Martha (Roudinesco & Plon, 1998).

1 Disponível em: https://www.abp.org.br/setembro-amarelo.

No entanto, o objetivo deste capítulo não é apresentar a visão psicanalítica de Freud sobre o suicídio, o que nos levaria a analisar o conceito de pulsão de morte e artigos como "Luto e melancolia" ou "Introdução ao narcisismo", entre outros; mas sim debater tal fenômeno sob uma ótica em especial. Mais precisamente, pretendemos comentar a contribuição de Donald Winnicott ao entendimento do suicídio na adolescência.

Em tempo, costuma-se pensar a adolescência como o período de formação da identidade, mas também, um período delicado, de sensibilidades aguçadas, comportamentos impulsivos e vulnerabilidades psíquicas. Sob essa perspectiva, dados coletados em uma revisão sistemática feita em 2014 apontam que no Brasil as taxas de prevalência de transtornos mentais em crianças e adolescentes variam entre 7% e 12,7%, estando a depressão em primeiro lugar, seguida pelos transtornos de ansiedade e o transtorno de déficit de atenção com hiperatividade (TDAH) (Thiengo et al., 2014).

Donald W. Winnicott (1896-1971), médico e psicanalista britânico, trabalhou como médico-assistente no Paddington Green Children's Hospital, em Londres, tendo atendido, segundo um de seus biógrafos, em torno de 60 mil crianças ao longo de sua carreira profissional (Phillips, 2007). Creditado como um teórico do ambiente, Winnicott contribuiu com a psicanálise ao enfatizar o papel da dependência no amadurecimento emocional de uma pessoa, ou seja, ao estudar "os estágios iniciais de desenvolvimento da criança humana, quando a dependência é tão grande que o comportamento daqueles que representam o meio ambiente não pode ser ignorado" (Winnicott, 2005).

Acerca de sua produção intelectual, as ideias de Winnicott se fazem presentes tanto na psicanálise de adultos como na de crianças e de adolescentes. Embora a teorização acerca dos objetos e fenômenos transicionais seja talvez seu pensamento mais original, nomeamos como contribuições importantes no contexto deste capítulo: sua teoria sobre o desenvolvimento emocional primitivo; a importância dada ao ambiente nos processos maturacionais; a teoria sobre a constituição do *self*, com as conceituações verdadeiro e falso *self*;[2] a regressão e seu manejo no *setting* terapêutico.

Sobre o ambiente nos primórdios da vida, diz o britânico que a dependência do indivíduo humano é tamanha que se lhes apresentarem um bebê, supostamente sozinho, ele apontaria sobre esse bebê algum tipo de cuidado, um olhar, por exemplo, a tal ponto que salienta que *isso que chamam de bebê não existe*, para em seguida complementar: o que vemos é a "dupla amamentante".[3] E daqui partimos.

Nosso autor sugere que o ser humano nasce com um ímpeto para a vida, algo que Winnicott vem a chamar de *força vital*, e uma *tendência à integração*, concluindo que, se houver um *ambiente suficientemente bom*, que o sustente no tempo, o indivíduo se faz, se constitui. Ainda, Winnicott propõe uma linha de existência em que o indivíduo humano pudesse ser. Uma linha de desenvolvimento em que as falhas do ambiente poderiam ser hipotetizadas como *gaps*, momentos de interrupções no vir-a-ser do bebê, e que o obrigariam a reagir, forçando o sujeito em potencial a erigir um modo defensivo de se relacionar com o mundo que perde em espontaneidade e em criatividade.[4] Estamos adentrando a teoria do *self* de Donald Winnicott; precisamente, o conceito de falso-*self*, um ser inautêntico[5] – uma das formas defensivas de relação com o mundo. E, aqui, podemos iniciar nossa aproximação com o tema do capítulo.

---

2 Utilizaremos como sinônimos *self* e a palavra Eu, lembrando que os estudiosos salientam que para Winnicott os termos Ego e *Self* nem sempre coincidem. Ver "Aspectos diferenciais da noção de Ego e de *Self* na obra de Winnicott" (Fulgêncio, 2022).

3 No original: "One sees a 'nursing couple'". "Anxiety associated with insecurity" (Winnicott, 1992).

4 Recordamos o leitor de que as palavras "espontaneidade" e "criatividade" são conceitos caros às teorizações de Donald Winnicott, e que trazem consigo uma definição de saúde importante. Para isso, ver o artigo "O conceito de indivíduo saudável" (Winnicott, 2021); e também "O ambiente saudável na infância" (Winnicott, 2020).

5 Aproximação de conceitos estudada por Roberto Graña (2016).

Winnicott não abordou o tópico suicídio especificamente em sua obra, ou seja, não encontraremos um texto dedicado exclusivamente ao tema. Todavia, alguns pesquisadores dedicaram-se ao estudo minucioso da questão. No Brasil, o psicanalista e pesquisador Flávio Del Matto Faria tem vários trabalhos publicados acerca do suicídio na obra de Donald Winnicott, em que aponta os vários artigos em que o tema do suicídio foi cotejado.[6]

Na clínica psicanalítica ouvimos muitas vezes da boca de pacientes suicidas que a vida não vale a pena, que a vida não tem mais sentido. Falam eles sobre o cansaço de viver, sobre o descansar, entre outras formas de transmitir seus sofrimentos. Imaginemos um caso que, embora montado a título de esclarecimento, infelizmente pode ser visto no dia a dia de vários profissionais que se dispõem a receber tal perfil de pessoas.

João, um jovem de 21 anos, chega ao consultório vestindo calças *jeans*, camiseta branca e sapatos, tem os cabelo penteado, a barba feita, e usa um pequeno brinco na orelha direita. Queixa-se um tanto vagamente de tristeza e ansiedade com relação às decisões futuras, uma vez que está nas etapas finais de sua graduação no ensino superior e percebe na família certa expectativa quanto à sua carreira. Descrito como um jovem excepcional, fluente em três línguas estrangeiras, fora convidado a ingressar diretamente no doutorado e investir na carreira acadêmica, dado seu alto rendimento escolar. Afora isso, acha-se desconfortável em ambientes sociais, onde percebe sempre concordar com o assunto da roda de conversa. Após três sessões de avaliação, João agradece nossa disposição e se despede dizendo estar melhor. No mês seguinte os pais de João pedem para conversar, pois encontraram um bilhete na gaveta de seu quarto. No texto, escrito em tom de despedida, João demonstra rancor, acusando sua família de não ouvi-lo em seus anseios. Fala do vazio interior e de uma sensação de futilidade, uma vida que não é a

6 Por exemplo: Faria, 2018.

dele. Sente que a vida não vale a pena. Gostaria de terminar com seu sofrimento. Os pais se dizem espantados, uma vez que o filho nunca demonstrara qualquer sinal de sofrimento, sendo sempre elogiado por sua "boa educação".

Pois bem, Winnicott menciona em vários artigos um tipo especial de sistema defensivo, ao qual dá o nome de falso-*self*, formado devido a uma falha ambiental no período de dependência absoluta.[7] O bebê em desenvolvimento sofre uma ruptura na continuidade do ser, no seu vir-a-ser. Além disso, um indivíduo com uma alta potencialidade cognitiva estaria apto a "corrigir" a falha adaptativa do ambiente mediante uma distorção da personalidade, um Eu (ego) falso, construído sobre uma base de sujeição, subordinação ao meio, quando o gesto espontâneo, manifestação do verdadeiro *self*, não pôde ser acolhido (Winnicott, 2000a). Já no trabalho "Distorção do ego em termos de falso e verdadeiro *self*", publicado em 1960, pode-se notar uma sutil mudança na conceituação, em que Winnicott postula uma graduação no funcionamento do tipo falso *self*, estando tal estrutura também presente na saúde. Assim, no dito "grau 3 – mais para o lado da normalidade":[8]

> *O falso* self *tem como interesse principal a procura de condições que tornem possível ao* self *verdadeiro emergir. Se essas condições não podem ser encontradas, então novas defesas têm de ser reorganizadas contra a espoliação do* self *verdadeiro, e se houver dúvida o resultado clínico pode ser o suicídio. (Winnicott, 2022c, p. 181)*

Cabe aqui a ideia de que tais pacientes, quando nos dizem sem motivos para viver, ainda não viveram de uma forma autêntica. E

7 Ver "A teoria do relacionamento pais-bebê" (Winnicott, 2022a).

8 Cabe ressalva a um erro ocorrido na tradução brasileira do texto, em que a palavra *health* foi traduzida por normalidade, enquanto o correto seria saúde.

nosso papel talvez seja o de proporcionar um ambiente, leia-se *setting*, confiável, propício para o surgimento de uma "experiência", algo muito bem salientado por Winnicott nos textos "A experiência mãe-bebê de mutualidade" e "Aspectos clínicos e metapsicológicos da regressão no *setting* psicanalítico". Neste último, Winnicott apresenta sua visão sobre o fenômeno da regressão, comparando o enquadre psicanalítico aos cuidados maternos. Também, o psicanalista inglês faz um elogio à figura de Freud, enfatizando a forma como o mestre vienense criou o dispositivo psicanalítico em conformidade com o ambiente precoce suficientemente bom. Também nesse texto, que consideramos uma aula magna sobre a clínica psicanalítica contemporânea, Winnicott faz uma ponte entre seu pensamento acerca do fenômeno regressivo e sua teoria do *self*, "considerando que a ideia de regressão implica um mecanismo de defesa do ego muitíssimo organizado, do qual faz parte a existência de um falso eu" (Winnicott, 2000b, p. 378).

Vemos então que as falhas ambientais nos primórdios da vida promovem interrupções na linha da vida do bebê, e o obrigam a defender-se, sacrificando seu eu verdadeiro, sendo o verdadeiro-*self* a posição teórica de onde se origina o gesto espontâneo. Ou seja, sem espontaneidade não há vida, não há ser. Tais falhas estão no terreno das *angústias impensáveis*, porque não representadas. Assim, o indivíduo ergue um modo de se relacionar com o mundo em que um falso eu cuida desse ser em potencial que ainda não pode existir. Na clínica, veremos então sujeitos que podem desempenhar muito bem suas funções, mas são pessoas para quem a vida carece de sentido. E quanto maior o sucesso, maior o sentimento de não ser.

A solução, Winnicott nos diz estar no fenômeno de regressão à dependência, estudado no texto referido anteriormente. Caso haja esperança por parte do paciente e um ambiente confiável, onde a regressão possa ocorrer, essa estrutura defensiva poderá flexibilizar-se e o inominável ter sentido (ter significado, ou representação); contudo, dado que não se tem memória do evento, o paciente aproveita as faltas do terapeuta para reproduzir a falha original. E isso pode ser desorientador se não tivermos essa compreensão em perspectiva.

Finalizando, salientamos que o suicídio e a teoria do falso-*self* podem apresentar-se não somente sob um manto de tristeza, e que o próprio Winnicott sugere que a estrutura do eu falso impera sobre os diagnósticos psiquiátricos correntes (ver Winnicott, 2022b). Importa, nesses casos, o manejo de situação transferencial mais do que a interpretação conforme costumamos considerar. Na clínica do suicídio, segundo o pensamento de Donald Winnicott, partimos do pressuposto da não existência, procurando no paciente condições de surgimento da vida, ao oferecer a este um ambiente facilitador de vir-a-ser, ou seja, do devir de uma existência.

Referências

Faria, F. D. M. (2018). Algumas considerações sobre a questão da transferência e da contratransferência na clínica do suicídio. *Natureza Humana*, *20*(2).

Fulgêncio, L. (2022). *Winnicott & companhia – Winnicott e Freud* (Vol. 1). Blucher.

Graña, R. (2016). *A psicanálise e a crítica filosófica – Heidegger ou as vicissitudes da destruição* (2a. ed.). AGE.

Phillips, A. (2007). *Winnicott*. Ideias & Letras.

Roudinesco, E., & Plon, M. (1998). *Dicionário de psicanálise*. Zahar.

Thiengo, D. et al. (2014). Prevalência de transtornos mentais entre crianças e adolescentes e fatores associados: uma revisão sistemática. *J. Bras. Psiquiatr*, *63*(4).

Winnicott, D. W. (1992). *Through paediatrics to psycho-analysis: collected papers*. Brunner-Routledge.

Winnicott, D. W. (2000a). A mente e sua relação com o psicossoma. In D. W. Winnicott, *Da pediatria à psicanálise*. Imago.

Winnicott, D. W. (2000b). Aspectos clínicos e metapsicológicos da regressão no *setting* psicanalítico. In D. W. Winnicott, *Da pediatria à psicanálise*. Imago.

Winnicott, D. W. (2000c). Psicoses e cuidados maternos. In D. W. Winnicott, *Da pediatria à psicanálise*. Imago.

Winnicott, D. W. (2005). A experiência mãe-bebê de mutualidade. In D. W. Winnicott, *Explorações psicanalíticas*. Artmed.

Winnicott, D. W. (2020). O ambiente saudável na infância. In D. W. Winnicott, *Bebês e suas mães*. Ubu.

Winnicott, D. W. (2021). O conceito de indivíduo saudável. In D. W. Winnicott, *Tudo começa em casa*. Ubu.

Winnicott, D. W. (2022a). A teoria do relacionamento pais-bebê. In D. W. Winnicott (Org.), *Processos de amadurecimento e ambiente facilitador*. Ubu.

Winnicott, D. W. (2022b). Classificação: existe uma contribuição psicanalítica à classificação psiquiátrica? In D. W. Winnicott (Org.), *Processos de amadurecimento e ambiente facilitador*. Ubu.

Winnicott, D. W. (2022c). Distorção do ego em termos de falso e verdadeiro *self*. In D. W. Winnicott (Org.), *Processos de amadurecimento e ambiente facilitador*. Ubu.

World Health Organization. (2021, jun.). Suicide worldwide in 2019. https://www.who.int/publications/i/item/9789240026643

12. Mexendo no vespeiro

Juliana Lang Lima

> *Deve renunciar à prática da psicanálise todo analista que não conseguir alcançar em seu horizonte a subjetividade de sua época.*
>
> Jacques Lacan, 1953

Poucas vezes me sinto hesitante quanto a algo que me proponho a escrever. Aliás, escrever, para mim, sempre ocupou o lugar de permissão – um espaço para elaborações diversas, em especial quando se trata da clínica, essa zona desafiadora que, com frequência, tensiona nosso corpo teórico e aquilo que tomávamos como convicções.

Contudo, o contexto desta escrita me colocou em dúvida por diversos momentos, e explico: não sou uma psicanalista especialista em infância e adolescência e tampouco em questões de gênero, embora seja uma curiosa contumaz, além de ter grande apreço pelo estudo da psicanálise em qualquer de suas aplicações. Pude avançar um pouco em minhas elaborações quando pensei que sou uma psicanalista clínica, que escuta a adolescência em seus analisandos adultos, atravessados pela sexualidade perverso-polimorfa descrita por Freud. Assim, parece-me que inicio este texto advogando em favor de duas frentes, tanto pela necessidade de escrever e documentar a clínica como por uma psicanálise generalista, em contraponto a um movimento crescente de compartimentalização dos saberes, com o consequente estabelecimento de nichos.

Sobre a questão da escrita, retomo Ana Claudia Meira (2023), que, em um livro dedicado ao estudo desse exercício em psicanálise, reafirma-o como uma prática de autoria, convocando o debate e estimulando a coragem para fazê-lo. Para que tal empreitada tenha êxito, há de se tolerar controvérsias e diferenças como uma parte indispensável e até mesmo desejada do processo. Meira (2023) afirma ainda que um texto só pode ser vivo se ali houver um autor disposto à exposição, refutando o lugar seguro de uma revisão teórica, composta de muitas referências e escassas ideias próprias. Escrever em psicanálise, portanto, comporta uma aposta no processo e o fato de deixar-se levar por ele – o que, com sorte, levará a um texto mais rico e criativo.

Mesmo com todo esse preâmbulo, não consigo evitar me sentir mexendo em um vespeiro, em especial pelas questões de gênero, tão ruidosas, diversas, multifacetadas em nossos dias. Para transpor minhas próprias resistências a esse escrito, me deixei guiar pela epígrafe de Lacan, que sugere que nos aventuremos nas problemáticas de nossos tempos sem receios ou preconceitos, e me propus a uma caminhada pela adolescência a partir da sexualidade e das questões de gênero, da forma como têm se apresentado para mim em minha prática.[1] Para isso, considerei interessante compartilhar pequenas vinhetas clínicas que auxiliassem a validar ou interrogar a teoria, sem a pretensão de encontrar respostas rápidas ou universais.

---

1 Os fragmentos da clínica apresentados neste escrito não são, em sua totalidade, escutas realizadas por mim. Em alguns casos, foram materiais compartilhados em supervisões ou grupos de estudo sob minha coordenação, e utilizados indiscriminadamente como forma de ilustrar a teoria.

Cena 1: adolescência é passagem

Gosto de pensar na adolescência como um corredor que leva da infância à idade adulta. Penso nessa imagem, e não em uma ponte ou qualquer outra analogia que tenha o significado de ligação, porque me agrada a possibilidade de falar da dor, fazendo-a correr de um lado a outro. Sim, é preciso dizer que adolescer dói, porque não é simples deixar um lugar infantil, protegido, mais ou menos conhecido, em geral lúdico, e rumar para um mundo novo, cheio de intensidades potencializadas por um corpo que clama por satisfação. Adolescer tem cheiro, fluidos, intensidade, atrapalhação.

Dentre os grandes desafios desse período, destaco dois, segundo os parâmetros freudianos de sexualidade em dois tempos e do Complexo de Édipo: os conflitos geracionais e os primeiros encontros com a sexualidade. Françoise Dolto (2013 [1982]) afirma que honrar os pais é, também, desobedecê-los, e, nesse caminho rumo à discriminação das figuras parentais, a sexualidade costuma entrar de forma a auxiliar nos movimentos de exogamia. O interesse por outros sujeitos que venham a excitar a satisfazer o corpo e seus desejos faz com que os investimentos edípicos comecem a ganhar um desfecho.

Assim como costuma acontecer nas famílias, cuja harmonia propiciada pela latência é assombrada pela chegada da adolescência, no laço social também se constata que tudo o que ameaça a ordem cultural resulta como perturbador. Há um texto clássico na obra de Freud para falar sobre os trilhamentos erógenos, "Três ensaios sobre a teoria da sexualidade" (1996 [1905]), que agitou consideravelmente a sociedade de sua época, na medida em que revelou a importância da sexualidade na formação dos sintomas e, mais ainda, ao falar sobre o caráter perverso e polimorfo da sexualidade infantil. Ao referir o quanto os impulsos sexuais podem ser desregrados, anárquicos e dificilmente enquadráveis em padrões, Freud revolucionou o tratamento das doenças mentais, como veremos a seguir.

Nos "Estudos sobre a histeria" (1996 [1893]), repletos de casos de jovens que hoje seriam consideradas adolescentes, como Dora, Elisabeth e Katharina, Freud refere a ebulição provocada pelo ressurgimento das moções sexuais infantis em um corpo agora propício para o exercício da genitalidade. Ainda assim, uma Ferrari com motor de Fusca, em analogia usada por Helena di Ciero (2022), para dar uma ideia do descompasso entre a pulsão, com seu imperativo de satisfação, e a maturidade requerida, aqui ainda incipiente, para o exercício da genitalidade.

Foi Freud, em conjunto com Breuer e precedido por seu mestre Charcot, na França, quem validou a apresentação histérica como um fenômeno de origem psicológica, alicerçado na necessidade de repressão dos desejos. São relatos de uma multiplicidade de manifestações físicas criadas para dar conta da excitação, e tamanha variedade sintomatológica levava, inclusive, os médicos da época à dúvida quanto a seu teor orgânico ou psíquico. Hoje, dificilmente algum profissional da área da saúde ou da educação, algum pai ou mãe, põe em xeque a explosão hormonal que surge com a entrada nessa fase – o que, em termos psicanalíticos, significaria dizer que se processa uma convergência das pulsões parciais em direção ao primado da genitalidade.

Em tempos nos quais a cultura afrouxou amarras e os jovens já não sofrem exatamente com a mesma repressão descrita nos "Estudos sobre a histeria" (1996 [1893]), muitos questionam se o paradigma edípico segue tendo vigência na compreensão dos fenômenos e questões da adolescência. Não há dúvidas de que, especialmente no que se refere ao campo dos estudos de gênero, novos autores, como Judith Butler e Paul Preciado, vêm destacando questões importantes a serem interrogadas. Chama atenção, no entanto, que tais confrontos acabem por encenar um movimento peculiar da adolescência, no qual frequentemente se verifica o embate entre gerações, o velho e o novo, e as expectativas de um tempo anterior que se choca com as atitudes e os ideais dos momentos seguintes, com dificuldade em propor enlaces, em vez de apenas batalhas.

Cena 2: o primeiro beijo

Aos 15 anos, Laís é estudante de uma escola particular tradicional da cidade e moradora de um condomínio de classe alta. É uma excelente aluna, tem uma vida bastante regrada, costuma se sair bem nos esportes e mantém o mesmo grupo de amigas desde a educação infantil. Há cerca de um ano, começou a frequentar festas com as amigas, mas é uma das poucas que nunca beijou ninguém "de língua".

No verão, esse período que a escritora Valérie Perrin (2022) define como atemporal, com um cheiro que buscamos pelo resto da vida, Laís vai pela primeira vez a um festival de música com as amigas. Lá, conhece e beija um rapaz que diz a ela que tem 17 anos. A garota fica realizada, mas seu encanto se esvai quando chega em casa e descobre, pelas redes sociais, que o rapaz mentiu a idade e, na realidade, tem 19 anos. No mesmo instante em que faz a constatação, começa a suar e tem um ataque de choro. Um pensamento insistente não sai de sua cabeça: será que isso é pedofilia? Preciso contar para meus pais?

É bastante curiosa a reação da menina diante de seu tão esperado primeiro beijo – em que pese também o fato de ainda não ter tido essa experiência aos 15 anos ser algo raro, dada a precocidade da iniciação sexual em nossos tempos. Embora a primeira resposta tenha sido prazerosa, de satisfação, tão logo a jovem retorna a sua casa, a lei externa acaba sendo invocada, justamente diante de um momento de inaugurações e descolamento das figuras parentais. Deixar seus lábios serem tocados por um rapaz, o que faz fluir uma série de sensações represadas até então, cobra um preço alto do psiquismo de Laís e revela um imediato movimento de retorno aos pais, o que nos faz lembrar de Silvia Bleichmar (1993) e sua expressão "o caráter profundamente ameaçador da alteridade do semelhante".

Laís vai em direção a um outro e esbarra em uma mentira que, à primeira vista, não parece tão grave. É bastante possível, pelo que as sessões seguintes demonstraram, que o jovem tenha mentido sua idade para que a diferença real, maior do que a alegada, não impedisse a aproximação entre ambos. Além disso, é importante pontuar que, apesar dessa infração, o restante do comportamento do rapaz não foi desrespeitoso com a analisanda. Todo o contato aconteceu com consentimento e, mais, com muita excitação por parte da menina. Justamente por isso, percebe-se que os estímulos despertados com a situação de realização de seu desejo acionaram quase imediatamente o supereu, essa instância ainda muito impregnada dos dizeres parentais, e que não se furtou a emitir sonoros sinais de alerta: perigo, perigo!

Temas como pedofilia e abuso vêm se tornando cada vez mais debatidos em nossa cultura, sendo também apresentados aos jovens como forma de autocuidado e prevenção. Nos grupos de mães, essa categoria que integro já há alguns anos, percebe-se que esse temor está sempre à espreita, em especial para as cuidadoras de meninas. Aqui podemos já fazer uma pequena pontuação quanto ao gênero: acaso estariam os meninos mais protegidos das investidas sexuais dos adultos? Sabemos que tal ideia não corresponde à realidade, e nas salas de análise não raro nos deparamos com homens, já adultos, ressignificando histórias de abuso vividas em suas infâncias e não percebidas como tal, na época.[2]

Sándor Ferenczi (2011 [1949]) é um psicanalista contemporâneo de Freud que faz trabalhar essa temática desde um viés bastante relevante, alertar para a confusão de línguas entre a sexualidade adulta e infantil, salientando o desencontro primordial entre o adulto e a criança. Quando diferencia a linguagem da ternura, requerida pela criança, com a linguagem da paixão, usada muitas vezes pelo cuidador para escutar a comunicação do pequeno, demonstra que a criança é o objeto de uma combinação densa entre poder e desejo do adulto. Nessa concepção, é predominantemente o desejo deste último que emerge

---

2 Uma recente produção da Netflix, *Bebê Rena* (2024), fez muito sucesso ao trazer para a tela o tema do abuso masculino, com uma cena de estupro que causou comoção, em especial junto ao público masculino.

no horizonte, fazendo com que a criança se encontre em posição de passividade e assujeitada ao cru discurso do outro, sendo marcada com ferro por suas palavras.

Jean Laplanche (1996) é outro autor importantíssimo para pensar essas questões, ao retomar a ideia de que a sexualidade adulta invade a criança com mensagens enigmáticas que ela precisará decodificar e processar. A ocorrência de tal intrusão se justifica pela prematuridade humana, que condena o bebê a depender de um cuidador por um longo período, e pela necessidade de ser erotizado para se vitalizar. Nesse aspecto, justifica-se dizer que a sexualidade se inscreve no terreno do traumático, por conta de seus matizes inevitavelmente ambíguos, referentes aos mistérios que compõem a sexualidade dos pais.

Contudo, também precisamos chamar para essa conversa a noção de fantasia, tão bem descrita por Freud na clássica Carta 69 (1897), quando faz a célebre afirmação: "não acredito mais em minha neurótica". Nesse *plot twist* em relação a suas construções anteriores, de que as histéricas eram vítimas de abusos reais, provocados em geral pelos próprios pais, Freud direciona a escuta para as intensidades que habitam um lar. A partir de então, podemos defender que, embora as situações de assédio indubitavelmente existam, há também um amplo terreno povoado pelos desejos incestuosos de adultos e crianças, no qual a pedofilia circula em suas diferentes nuances, na maior parte das vezes não atuada como tal.

Todavia, seja em um cenário no qual o temor do abuso possa estar mais presente, como na denúncia de Ferenczi; em um contexto mais evocativo, com o excesso da sexualidade implícito, como na teoria de Laplanche; ou com o retorno da sexualidade infantil incrementando fantasias incestuosas, como defende Freud, vislumbramos o adolescente buscando se equilibrar diante dessas turbulências sexuais que flutuam sobre ele. De todas as formas, é certo que podemos contemplar as relações entre pais e filhos como virtualmente tortuosas, inerentemente complexas, por conta dos componentes edípicos e, portanto, pelas diferenças múltiplas que compõem essa teia.

Cena 3: a primeira transa

Em *How to have sex* (Walker, 2023), um filme recentemente disponibilizado nas plataformas de *streaming*, a diretora Molly Manning Walker aborda os primeiros encontros com a sexualidade pelo viés de três amigas inglesas que, ao fim do ensino médio, fazem uma viagem de férias juntas com destino à Grécia. Entre festas regadas a muito álcool e uma tensão sexual crescente entre as garotas e um grupo de meninos hospedados no mesmo hotel, nota-se um foco especial em Tara, a única virgem entre elas. A protagonista é apresentada como alguém insegura com o próprio corpo e dividida quanto ao imperativo de perder a virgindade: de um lado, o desejo de livrar-se do fardo de ser a única entre as amigas a não ter experimentado a vivência sexual, com sua consequente inscrição de rejeição; de outro, a expectativa, latente, de viver uma inauguração especial – o que nem de longe é o que acontece.

A primeira vez de Tara, como também acontece com muitas meninas, não se processa com encantos. Mas, veja bem, aqui não desejamos romantizar ou moralizar quaisquer experiências, com base em discursos datados que costumavam ser proferidos para meninas, e exclusivamente para esse gênero: "cuidado com a primeira relação, trate de escolher alguém bem especial, que goste de você e não vá lhe deixar depois de conseguir o que queria".

Talvez tal advertência pareça um tanto catastrófica, mas possivelmente tenha sido ouvida, nessa ou em alguma outra versão similar, pela maioria das mulheres que agora me lê. Quanto aos meninos, sabemos que existe outra narrativa circulando e que, embora no sentido oposto, nem por isso é menos opressora: "Seja homem, viril, macho, transe com muitas mulheres, quanto mais, melhor". Nesse ponto, é inevitável lembrarmos de Freud (2018 [1910]), que, no século XX, já falava sobre a dificuldade em integrar as correntes terna e sexual no mesmo objeto, o que frequentemente leva a dissociações entre o objeto de amor e aquele para o qual são direcionados os impulsos sexuais.

Esse é precisamente o funcionamento que o filme demonstra tão bem, ainda que evite cair em estereótipos desnecessários. O rapaz com que Tara perde a virgindade é retratado no papel de conquistador; contudo, essa não é uma escolha artificial, e sim algo que naturalmente aparece como decorrência das identificações com o papel masculino atribuído a si. Da mesma forma, a jovem não é retratada como uma mocinha inocente que sonha em entregar-se ao futuro amor de sua vida. Em ambos, destaca-se uma complexa busca por autonomia e afirmação, além de um intenso desejo de aceitação, o que evidencia a importância dos grupos nessa fase.

Gabriel Rolón (2010), ao relatar o caso de uma adolescente enlutada e às voltas com sua sexualidade, também em vias de suas primeiras vezes, sublinha o fato de ela ir para as sessões de uniforme escolar, uma vestimenta pouco frequente em seu consultório. Se atentarmos para o termo *uniforme*, teremos um interessante significante para reiterar a influência dos semelhantes, que funcionam como espelho e também como régua. Rolón (2010) se ocupa ainda em descrever algumas das características dos adolescentes, esses sujeitos tão peculiares. Para nos atermos exclusivamente ao aspecto da sexualidade, apontaremos a tendência de passagem ao ato, favorecida pelo início da vida sexual e também como por mecanismos de defesa em mutação, visto que os da infância não se sustentam mais e os da idade adulta ainda não se firmaram.

Na película há pouco citada, tais movimentos ficam patentes, com a cena da primeira relação de Tara como alegoria: ela acontece na beira da praia, sem cuidado ou proteção, com um rapaz que não era exatamente o que ela mais gostava, mas o que mais chamava atenção do grupo. Em um movimento impulsivo, a menina se entrega à ânsia do momento, pagando um alto preço por isso a seguir, quando o jovem faz uma nova investida enquanto ela dorme. Aqui, diferentemente da primeira cena que trouxemos da clínica, temos uma relação sexual que acontece enquanto uma das pessoas está inconsciente – de fato, uma situação de violência, mas que só é significada como tal em um segundo momento, quando do ato se chega ao relato. É por meio da escuta de uma amiga, que capta a ferocidade do acontecimento, que Tara pode se haver com a possibilidade de revisar a história recente – o que, na melhor das hipóteses, teria potencial para evitar repetições futuras.

Cena 4: o adulto retorna à adolescência

José, 35 anos, chega para análise assustado com uma possível separação de sua esposa, que tem se mostrado cada vez mais insatisfeita e desinteressada do relacionamento, e uma pergunta subjacente a isso – "será que eu sou *gay*?". Sigamos suas palavras:

"Eu não sou espontâneo, eu faço tudo de forma controlada, pensando no que os outros podem pensar sobre mim. A única época de minha vida em que eu me senti 'eu mesmo' foi na adolescência, com o meu grupo de amigos. Naquela fase eu fui feliz, nós estávamos sempre juntos, fumando maconha, filosofando sobre a vida. Mas o momento bom passou quando os meus amigos começaram a transar com as gurias. Quando era só beijo na boca, era mais fácil, mas quando começaram as experiências sexuais eu morria de medo de que eles descobrissem que eu não conseguia fazer como eles. Não era só chegar e agarrar uma guria qualquer e ficar de pau duro. Pra mim precisava envolvimento, historinha. Eu acabava broxando ou, por medo, nem tentando. Então eu mentia".

Engana-se quem pensa que relatos como esse são incomuns nos consultórios psicanalíticos. Os estereótipos de gênero são tatuados na adolescência de forma muito importante, e dificilmente se escapa a alguma tonalidade da dicotomia entre sexo biológico e gênero. Até pouco tempo atrás, aliás, esses eram quase elementos indiferenciados – meninas vestem rosa e brincam de boneca, meninos vestem azul e brincam de carrinho; quaisquer desvios ficam próximos à patologia. Embora os discursos da atualidade deem conta de formas muito mais fluidas e menos estigmatizadas, ainda paira sobre cada sujeito a necessidade de se haver com o corpo em que nasceu.

Sobre isso, Vera Iaconelli (2018) sustenta que embora caiba ao outro parental a transmissão da cultura e de tudo o que isso envolve, desde o nome próprio até a língua materna, passando pelos hábitos e costumes do local onde se vive e pelo lugar do sujeito dentro da configuração familiar, e ainda que a organização psíquica dos pais tenha um efeito direto sobre os filhos, esse movimento não é previsível nem linear. Assim, sujeitos cisgêneros não necessariamente criam sujeitos cisgêneros, e reinterrogar os fundamentos é necessário.

A cena clínica que trazemos a partir da escuta de José se mostra paradigmática em nossos tempos pela possibilidade que oferta de efetuar um descolamento do binarismo como melhor desfecho para a sexualidade adulta. Embora o analisando se apresente com angústia em relação a uma suposta homossexualidade e inserido em um relacionamento heterossexual pouco satisfatório para ele e para sua companheira, não é do fenômeno que a psicanálise vai se ocupar. Não seria o caso, portanto, de investigar obstinadamente qual a corrente predominante, homo ou heterossexual, como se a outra se configurasse como evidentemente defensiva e, portanto, sintomática – com necessidade de resolução.

Sabemos que a teoria freudiana é bastante incisiva quanto à diferença sexual anatômica como algo determinante na forma como o sujeito vai atravessar a conflitiva edípica e inscrever em si os signos de masculinidade e feminilidade. Para Lacan (1971/1972), um pensamento semelhante afirma que "há diferença, desde a mais tenra idade, entre o que se chama menina e menino". É necessário salientar, no entanto, que essa diferença não se refere à anatomia, e sim aos discursos endereçados a esses sujeitos, uma vez que o que vem do outro nunca vem literalmente traduzido.

Paul B. Preciado (2000) apoia suas críticas justamente sobre o aspecto do binarismo, afirmando que o pressuposto de que existam apenas dois corpos e dois sexos se apoia em uma noção colonial do corpo, compreendendo como patológica toda dissidência em relação a essa concepção. Com isso, denuncia possíveis violências praticadas por psicanalistas e psiquiatras ao tomar como desvio uma manifestação que ele descreve como política, e, com isso, medicalizando e normatizando a existência.

Por aqui, não desejamos adentrar os pormenores da discussão sobre gênero, embora esse seja um debate potencialmente rico e por certo necessário. De forma ampla, podemos situar gênero como uma posição imaginária, fruto de uma construção histórica, social e cultural que se amplia para muito além do corpo no qual o sujeito nasceu. Contudo, para a psicanálise, a maior questão ainda reside nas identificações, operações inconscientes pelas quais cada indivíduo assimila elementos dos outros e forma a própria identidade, não somente pelos códigos de linguagem, mas por encenação e ato.

Cena final: a bissexualidade

Para encerrar, apresentamos mais um fragmento da clínica, dessa vez na voz de Ligia, uma adolescente de 14 anos que chega para tratamento por conta de sua ansiedade, manifesta por meio de ataques de pânico na escola. Para que o trecho que segue seja mais bem compreendido, é importante contextualizar que há uma analista bastante pressionada pelo entorno da garota – de um lado, os pais com solicitações frequentes de *feedback* e sugerindo que ela seja vista por um psiquiatra, pois acreditam que uma medicação seria a melhor forma de tratamento; de outro, a escola exigindo reuniões para orientação e definição conjunta da abordagem com a aluna.

Ligia: Estão com um boato lá no colégio de que eu e a Lara somos lésbicas. Eu fiquei bastante incomodada com isso. Então quer dizer que não se pode nem ser bem amiga de alguém que os meninos já ficam falando isso? São uns idiotas mesmo. Mas já tomei uma decisão, vou me afastar um pouco dela pra não terem mais nada pra dizer. Espero também que a psicóloga [da escola] não fale nada disso pros meus pais. Eu te contei a história do pombo que apareceu lá na escola?

Analista: Um pombo-correio, que levava informações de lá pra cá?

L: (risos) nããão... um pombo que teve um parto, quer dizer, botava um ovo, porque pombo não tem parto, né?

A: Hmm, um pombo fértil então.

L: Tu tá engraçada hoje. Sabe que a minha mãe disse que tinha cheiro de cigarro no corredor do teu prédio. Ela disse, brincando, "será que a tua psicóloga fuma? Pergunta pra ela".

A: Eu acho que ela tá querendo saber se sou uma boa companhia pra filha dela.

Com esse pequeno excerto somos levados a recordar do Caso Dora (Freud, 2021 [1905]) e da belíssima explanação sobre bissexualidade exposta ali. Ao investigar a possível paixão de Dora pelo amigo do pai, sr. K., Freud se depara com o encantamento da moça pela sra. K., com quem manteve um relacionamento amistoso até o fim da vida (Appignanesi & Forrester, 2011). Além disso, sabemos que ao falar sobre o cheiro de fumaça oriundo do charuto de Freud, Dora faz com que ele sinta o cheiro da transferência. Sim, é verdade que onde há fumaça, há fogo. E o fogo da sexualidade está sempre presente nos tratamentos analíticos, seja por vivência atual ou por recordação.

Referências

Appignanesi, L., & Forrester, J. (2011). *As mulheres de Freud*. Record.

Bleichmar, S. (1993). *As origens do sujeito psíquico: do mito à história*. Artes Médicas.

Ciero, H. C. (2022). *Instantes de dentro*. Paraquedas.

Dolto, F. (2013 [1982]). *Seminário de análise de crianças*. Martins Fontes.

Ferenczi, S. (2011 [1949]). Confusão de línguas entre os adultos e a criança. In S. Ferenczi, *Obras completas: psicanálise IV*. Martins Fontes.

Freud, S. (1996 [1893]). Estudos sobre a histeria. In S. Freud, *Obras psicológicas completas de Sigmund Freud: edição standard brasileira* (Vol. 2). Imago.

Freud, S. (1996 [1897]). Carta 69. In S. Freud, *Obras psicológicas completas de Sigmund Freud: edição standard brasileira* (Vol. 2). Imago.

Freud, S. (1996 [1905]). Três ensaios sobre a teoria da sexualidade. In S. Freud, *Obras psicológicas completas de Sigmund Freud: edição* standard *brasileira* (Vol. 7). Imago.

Freud, S. (2018 [1910]). Um tipo especial de escolha de objeto feita pelos homens (contribuições à psicologia do amor I). In S. Freud, *Amor, sexualidade, feminilidade. Obras incompletas de Sigmund Freud* (Vol. 7). Autêntica.

Freud, S. (2021 [1905]). Fragmento de análise de um caso de histeria. In S. Freud, *Histórias clínicas. Obras incompletas de Sigmund Freud*. Autêntica.

Iaconelli, V. (2018). Função parental, papel parental e gênero. In R. M. M. Marini, (Org.), *Gênero e sexualidade na infância e adolescência: reflexões psicanalíticas*. Ágalma.

Lacan, J. (1971/1972). *Ou pior*. Zahar.

Lacan, J. (1998 [1953]). Função e campo da fala e da linguagem. In J. Lacan, *Escritos*. Zahar.

Laplanche, J. (1996). *La prioridade del outro em psicoanálisis*. Amorrortu.

Meira, A. C. S. (2023). *A escrita científica no divã: entre as possibilidades e as dificuldades para com o escrever* (3a. ed.). Blucher.

Perrin, V. (2022). *Três*. Intrínseca.

Preciado, P. B. (2019 [2000]). *Manifesto contra-sexual*. Orfeu Negro.

Rolón, G. (2010). *Palavras cruzadas: da dor à verdade*. Planeta do Brasil.

Walker, M. M. (Diretora). (2023). *How to have sex* [Filme]. Film4; BFI. (Disponível na plataforma de *streaming* MUBI)

13. A escuta do adolescente na clínica contemporânea

Denise Zimpek

A adolescência é o período devidamente marcado pelo contemporâneo, e nossa escuta nos leva para esse mundo atual em que o sujeito em formação procura um lugar. Dessa forma, não podemos pensar o adolescente sem levar em conta o vértice do espaço psíquico transubjetivo em que o sociocultural compõe a subjetividade do indivíduo, juntamente com os espaços intrapsíquico e intersubjetivo.

Esses espaços existirão desde a concepção, desde o desejo dos pais pelo bebê, e será no primordial vínculo mãe-bebê que o erotismo terá início. A partir do encontro do bebê com o seio que o alimenta, surgirá um caso de amor – a díade mãe-bebê. O desamparo do recém-nascido traz a necessidade de um invólucro protetor e simbiótico, possibilitando que, do ponto de vista do bebê, ele e a mãe sejam um só.

A identificação é um dos mecanismos constitutivos do Eu, e é demandada por um outro e pelo bebê, baseando-se na semelhança.

Para Aulagnier (1975), o discurso materno em relação ao bebê está matizado pelo discurso sociocultural, e se soma ao que o bebê representa para o inconsciente da mãe, apresentando-se na sua voz como uma espécie de sombra falada, que será projetada sobre ele, sobre seu corpo, desempenhando as funções de porta-voz e de prótese do psiquismo do bebê, que, por sua vez, se servirá dessas funções devido à sua imaturidade.

À medida que surgem as primeiras fantasias e os pictogramas vão sendo metabolizados em representações ideativas com significado, vai se organizando o processo primário em marcas mnêmicas e representações que o Eu armazenará e que, junto com as palavras, irão se constituir na sua capacidade de pensar sobre as origens de seus primeiros enunciados identificantes e de perceber que houve um desejo e um discurso que pertenceram a um outro que o antecipou.

Já o processo secundário modulará os processos originário e primário a partir da representação de palavra, que dará partida ao pensamento. Onde estava o discurso antecipatório da mãe que marcou o seu destino haverá um pensar alcançando a condição de sujeito desejante. Aqui estará em jogo a capacidade do bebê de se opor ao discurso materno, seja por sua anatomia, seja por sua saúde ou pelo seu funcionamento fisiológico.

Ainda que fundamental essa ilusão inicial, é necessário sofrer essas resistências do bebê para que se vá constituindo um Eu não só corporal, mas com capacidade de representar e, por fim, de pensar e ser o historiador de sua própria história. É a criança que deverá desprender-se, mas isso só será possível se perceber na mãe o desejo de que ela se torne autônoma e tenha prazer em vê-la produzir seus próprios pensamentos.

Berenstein (2004) denominou *imposição* tanto essa *não coincidência* com o desejo da mãe, em que o bebê excede as imagens identificatórias com as quais foi investido, uma vez que nunca coincidirá com a "sua majestade o bebê", como também a sua obrigação de ser instituído e pertencer ao vínculo de parentesco e social: *Ele é um sujeito do vínculo.*

Aqui caberia uma diferenciação proposta por Berenstein (2004) entre *o objeto e o outro*. O primeiro se centra no Eu de quem é objeto, é uma construção sobre as bases de representações das experiências infantis carregadas de pulsões e desejos, marcadas por introjeção e identificação. Sua característica é habitar e dar sentido ao mundo interno e à fantasia inconsciente; a ausência do *objeto* é necessária para que se constituam a marca e o estabelecimento no mundo interno. Já o *outro* se opõe ao Eu, se apresenta como seu oposto, oferecendo a possibilidade de uma nova característica, propõe a apresentação que excede a representação e o enfrenta com algo "*ajeno*".

Dessa forma, na constituição do Eu haverá de existir o reconhecimento de que a criança e a mãe não serão parte de uma unidade, muito menos de um somatório, mas que compõem uma situação de dois a ser apreendida desde "dois" – que terão distintas maneiras de operar no vínculo, sendo uma delas a imposição.

Winnicott (1990) aponta para a importância do ritmo que se estabelece a partir do *holding* materno, e que a saída da bolha narcísica sendo gradual, respeitando um período de ilusão, em que a ausência e a presença ainda são produtos da onipotência do bebê, será possível o crescimento de um Eu separado e a emergência de um verdadeiro *self*.

Ao chegar à crise da adolescência, segundo Paz (1990), o sujeito passará por uma necessária ressignificação do estado de dependência dos objetos parentais, desestruturando-se a precária identidade alcançada até então. Partes da personalidade que estavam clivadas e depositadas nos objetos são reincorporadas e tendem a enriquecer o Eu nesse processo identitário. A saída exogâmica necessita da reintrojeção de partes do Eu que estavam depositadas nas figuras parentais. Tal tarefa se torna fundamental, uma vez que atualiza, mas também elabora, o conflito básico do vínculo de dependência simbiótica, a remoção das relações objetais que o sujeito mantinha até então com seus objetos (Paz, 1990, p. 169).

O adolescente passa por um verdadeiro processo de dessimbiotização que poderá também dar lugar a substituições precárias, como o uso de drogas e a filiação a grupos religiosos ou ideológicos (Paz, 1990, p. 169).

O que hoje se chama "ficar" com alguém, ou "pegar" alguém na festa, fará parte de tímidas mas importantes incursões eróticas nos primeiros tempos da adolescência.

Segundo Erikson (1976), a intimidade só será possível quando a formação da identidade está em pleno desenvolvimento, e alcança uma certa estabilidade. A intimidade, sendo um contraponto da identidade, pressupõe "uma fusão de identidades", a intimidade sexual pode preceder a verdadeira capacidade de ser íntimo de alguém, e isso pode se dar tanto no terreno das amizades como dos encontros eróticos ou criativos com os outros.

O jovem que não esteja seguro de sua identidade furta-se à intimidade, ou lança-se em encontros casuais, sem uma verdadeira fusão ou real entrega de si próprio.

A capacidade de um verdadeiro laço amoroso será possível quando certas etapas e vivências forem elaboradas.

Lamovsky (2009) pensa num espaço psíquico de articulação em que se conjugam a ordem simbólica, o campo narcísico e o plano da satisfação pulsional: a ordem simbólica organiza a sexualidade humana e a circulação do desejo em conformidade ao tabu do incesto, marcando todas as relações de parentesco. A proibição pelo pai de que a mãe seja objeto de desejo do filho fomenta o desejo deste por ela. Está prescrito que deverá buscar a outra mulher que não a mãe; ao ser designada como proibida, torna-se desejada.

Dessa maneira, a vivência Édipo-castração vem conjugar o desejo do pai. Com a lei, essa vivência vai regular ao mesmo tempo o poder materno e inscrever o sujeito na filiação, na ordem simbólica e na problemática da diferença sexual, inaugurando um novo estatuto para a relação de objeto e para a relação com a falta, que vão ressignificar-se ao longo da vida desde essa perspectiva, sendo a chave para o despertar do desejo.

A saída da crise de identidade (Aberastury & Knobel, 1990, p. 15-30), que é antes de tudo identidade sexuada, é alcançada por meio de uma mudança simultânea do mundo e das próprias necessidades. Essa ação modificadora conduz à crise geracional, estreitamente relacionada com a crise de identidade. Durante essas crises se produzem identificações dos adolescentes com seus pares e a busca de um ideal representado por um líder. É o processo de apropriar-se de seu corpo essencialmente, reprimido e modelado pela cultura dominante, ou seja, pelo espaço transubjetivo, que se dará por meio do fortalecimento de seu Eu corporal, mediante o grupo, que, via de regra, terá uma função de avalista.

O grupo pode representar uma fonte de socialização menos repressiva que a família, tornando-se um espaço importante de referência social. Pode se constituir também em agrupamentos menos estruturados, em que as pessoas se aproximam por identificação comum a rituais e elementos da cultura que expressam valores e estilos da vida, moda, música e lazer típicos de um determinado espaço-tempo. A identificação entre pares permite menos exigências ao negociar perspectivas e encontrar oportunidades de legitimação dos próprios sentimentos e visões do mundo, pela aceitação e compreensão do grupo. Porém a fragilidade das referências simbólicas fará com que a busca de identificação da tribo seja marcada pelos aspectos imaginários, que podem ser estéticos, como vestimenta, penteado, tatuagens, *piercings* etc., territorial, como utilização do espaço urbano (determinados bairros, praças, pistas de *skate*, escadarias), no qual deixam sua marca ruidosa, grafites, pixações etc.

Essa fragilidade também pode levar os jovens a buscarem o sentido de si-mesmos numa imagem idealizada e ilusória do outro. Nesse contexto, a diferenciação necessária à formação da identidade torna-se empalidecida, e o sujeito, incapaz de se reconhecer na diferença do outro, passa a viver com ele experiências de fusão imaginária.

Pode-se entender que predomine nessas vivências adolescentes uma *lógica de conexão*, conceito desenvolvido por Moreno (2016) para descrever a valorização do aqui e agora sem compromisso com a linha do tempo, diferentemente da *lógica associativa*, em que predominam as representações inscritas pelas marcas da vivência. A *lógica conectiva* não requer o representado, significados internos, sentidos, nem princípios de causalidade. Produz-se, assim, na instantaneidade, como nos jogos virtuais, num tempo imediato, que costuma durar pouco. Talvez esse seja um dos motivos da fascinação que os jogos virtuais exercem sobre os adolescentes.

Entretanto, os produtos da conexão não entram no álbum de recordação, nem do saber sujeito, e cada situação apresenta uma qualidade vivencial intensa que muitas vezes não deixa rastros para experiências seguintes, comprometendo o encadeamento temporal necessário aos processos de desenvolvimento (Moreno, 2016).

Uma das marcas do contemporâneo está bem descrita por Bauman (2004) ao tratar da fluidez que se reflete nas novas formas de laços sociais. Na sociedade líquida, os laços se tornam mais fluidos, frequentes porém breves e banais.

Nas conclusões de Lima et al. (2017) sobre uma pesquisa realizada com estudantes universitários, foi percebida a dificuldade em estabelecer critérios bem definidos de diferenciação entre o mundo online e o mundo offline. A identificação dos adolescentes nas redes sociais parece relacionada ao processo de extinção de grandes líderes, e a identificação com estes foi substituída pela identificação horizontal aos pares, claramente ampliada pela informática. Descrevem a internet como um espaço onde se sentem à vontade para falar, onde são mais sinceros, verdadeiros, e, contraditoriamente, não têm confiança no outro, não fazem laços, não têm intimidade, porém forjam aparências, sem compromissos. Assim, são mais verdadeiros e, ao mesmo tempo, mais falsos nas interações virtuais. A divisão do sujeito explica as contradições e equívocos nas falas dos adolescentes. Ao forjar um personagem virtual, assumindo uma "falsa identidade", o sujeito pode exercitar a sua fantasia e realizar seus desejos mais secretos. A barreira que separa ficção da realidade é tênue, principalmente nesse período da vida.

A maneira de usar as redes parece fazer toda a diferença. Alguns fixam grupos, outros são viajantes itinerantes, caminhando de forma errática, vagando infinitamente pelas diferentes ofertas identificatórias, sem conseguir eleger nenhum ponto de apoio significante para alojar seu gozo.

Na clínica isso se apresenta como sintomas do "agir", numa busca desesperada de impor um limite corpóreo a uma vida sem limites oferecida pelo mundo adulto, e rejeição do grupo de pares. A idealização da instantaneidade leva a vivenciar excessos e descargas imediatas, tanto na busca de chocar o outro como no desejo de acolhimento. E o abuso de substâncias é recorrente e frequente, bem como transtornos alimentares, violências e automutilação, podendo chegar ao suicídio. Mas as angústias podem aparecer na forma de insônia, difusão da identidade sexual, dificuldades escolares e *bullying*.

Segundo Cahn (1999), a extensão e a intensidade dos desligamentos dos objetos parentais serão causa de dificuldades de lidar com o retorno às antigas ligações e com a criação de novos vínculos.

Em nosso entender, as indefinições no pensar adolescente, a instabilidade de opções, desejos e doutrinas possuem a potencialidade de transformarem-se num *plus* de enriquecimento de sua subjetividade. Isso se revela na abertura para novos vínculos que trazem consigo um lugar ao Outro, e não apenas pela via identificatória e pela coincidência de aspectos com suas próprias representações, mas sobretudo pela experiência vincular que se opera com o respeito à alteridade, o que trará maior complexidade ao Eu em construção. As relações baseadas apenas na empatia e no entendimento não poderão sustentar-se. Entender-se com o outro é uma tarefa complexa de permanente ajuste entre o que se representa dele e o que o Outro propõe como *presença* à qual devemos dar lugar. Esse árduo trabalho talvez seja mitigado pelo adolescente que ainda vive todas as instabilidades referidas, e, em nosso entender, mesmo que transitoriamente, lhe proporcionará uma nova subjetividade, que será um processo de diferenciação, em que irá desprender-se das identificações alienantes, sendo muito mais significativo que o processo de separação-individuação.

> *Processo de diferenciação que permitirá um pensamento próprio, apropriação de seu corpo sexuado, a utilização, no melhor dos casos, das capacidades criativas do sujeito num caminho de separação, desalienação do poder do outro ou de seu gozo e, por isso mesmo, de transformação do Supereu e de constituição do Ideal de Eu. (Cahn, 1999, p. 55)*

Ao contrário, o rechaço da alteridade pode levar a odiar o outro e os outros, como também as comunidades às quais não pertença (Berenstein, 2004, p. 51).

O oferecimento da escuta de seus conflitos e dores possibilita que o *agir* seja antecedido do *pensar*, viabilizado principalmente pela disponibilidade do analista de estar à altura da transferência do adolescente, como "uso do objeto", no entender winnicottiano, uma espécie de posição transicional que privilegia as funções associativas e o prazer de pensar com o outro. Sua história de amor e ódio será revivida, ligada e religada, com suas fantasias e desejos pré-edipianos e edipianos. Porém com a grande virtude de que, além de reviver sua história na relação com o analista, novos elementos se apresentarão com a pessoa real do analista, dando lugar a uma nova subjetividade.

Referências

Aberastury, A., & Knobel, M. (1990). *Adolescência normal.* Artes Médicas.

Aulagnier, P. (1975). *La violencia de la interpretación.* Amarrortu.

Bauman, Z. (2004). *Amor líquido – sobre a fragilidade dos laços humanos.* Zahar.

Berenstein, I. (2004). *Devenir otro con otro(s). Ajenidad, presencia, interferencia.* Paidós.

Cahn, R. (1999). *O adolescente na psicanálise: a aventura da subjetivação.* Companhia de Freud.

Erikson, E. (1976). *Identidade, juventude e crise.* Zahar.

Lamovsky, C. (2009). Amor, deseo y pulsión em los destinos de la pareja. In J. Puget et al. *Psicoanálisis de pareja del amor y sus bordes* (2a. BUE). Paidós.

Lima, A. C. A., Leiva, J. C., & Lemes, S. S. (2017). Viver em rede: uma análise sobre as implicações do uso das mídias sociais por estudantes universitários. *Revista On-line de Política e Gestão Educacional,* 896-912. https://periodicos.fclar.unesp.br/rpge/article/view/10459.

Moreno, J. (2016). *El psicoanálisis interrogado.* Lugar.

Paz, L. R. (1990). *Adolescência. Crise de dessimbiotização.* In A. Aberastury & M. Knobel, *Adolescência normal.* Artes Médicas.

Winnicott, D. (1990). *O ambiente e os processos de maturação.* Artes Médicas.

14. Como se sai da adolescência? Da adolescência para *a capacidade de adolescer*

Paula Daudt Sarmento Leite

> *Encontrar na figura exterior os ecos da figura interna: ah, então é verdade que eu não imaginei: eu existo.*
>
> Clarice Lispector, 1999

O capítulo final desta obra carrega o desafio de refletir sobre as possíveis transformações e processos subjetivos que representam o término da adolescência. Uma das etapas mais marcantes do desenvolvimento humano, por um lado carregada de excesso pulsional, conflitos e lutos, mas, por outro, de muito crescimento emocional, a adolescência ganha destaque no campo teórico da psicanálise acerca de seu ponto de partida e travessia. Porém, quanto ao seu desfecho, os escritos são mais escassos e reservados. A etapa final da adolescência não é uma constituição universal, sendo relativizada conforme os discursos de cada época. Da mesma forma que a vida do homem está mais longeva, a adolescência tem se prolongado na modernidade.

Sabemos que a cultura contemporânea favorece e gera expectativas sobre a saída da infância e a entrada na puberdade, em função das marcantes mudanças corporais e comportamentais esperadas para se alcançar o ideal de juventude que vigora em nosso tempo. Mas o mesmo ocorre com o final da adolescência? O limite da adolescência parece se tornar impreciso não somente pela singularidade de cada processo, com as tramas familiares e sociais próprias, mas também pela semelhança dessa etapa da vida com a tendência narcísica pela busca da eterna juventude. A estética, a moda, a música, os esportes e os valores do adolescente se assemelham às características desse ideal na atualidade e assim a adolescência poderia deixar de ser uma fase evolutiva, para, talvez, representar uma "forma de viver"?

Mesmo diante dessa complicação, faz-se importante considerar as transformações fundamentais e os parâmetros que possam sinalizar a passagem da adolescência para a vida adulta. Sem dúvida, o sinal mais categórico desse desfecho é a despedida do longo processo da infância, que diferencia o ser humano de todas as demais espécies. De maneira abrangente, podemos propor que o final da adolescência deve considerar a integração do passado com o presente e a abertura do sentido de futuro, a posse de uma identidade e a criação de projetos pessoais. Tudo isso implica um grande trabalho psíquico no nível dos processos de diferenciação, identificação e reconhecimento da alteridade, que trazem maior consistência ao ego e à subjetividade.

É notável, na biografia de Freud, a troca do seu nome durante a adolescência. Os nomes que foram registrados por seu pai na Bíblia da família, ou seja, "Sigismund Schlomo", não sobreviveram à adolescência de Freud, escreve Peter Gay (1989). Após o ingresso na Universidade de Viena, Freud adota definitivamente o "Sigmund" e deixa de usar o "Schlomo", nome do avô paterno. Estaria Freud denominando seu projeto de vida adulta com essa mudança?

Conforme refere Levisky (1998), os processos de identificação do adolescente envolvem a busca de uma identidade adulta que se caracteriza pelo desejo de conquistar a emancipação em diferentes níveis: sexual, psicológico e social. O verbo "emancipar", derivado do latim *emancipare*, significa eximir, se livrar do pátrio poder ou tutela, se libertar. O transcurso de se emancipar exige uma autonomia crescente e a integração de progressos psíquicos diversos.

A perspectiva de descrever os possíveis marcos da terminação da adolescência neste trabalho contém uma inspiração no conceito dos pontos de ancoragem, aportado por Piera Aulagnier (1990). Segundo a autora, estes são estruturas psíquicas que sustentam a construção do sujeito e sua relação com a realidade, sendo eles: narcísico, edípico e simbólico. Os pontos de ancoragem são fundamentais no processo de construção da identidade e da subjetividade do sujeito, e, mais do que isso, sua integração saudável é essencial para o desenvolvimento psíquico.

Serão nomeados de "marcos de ancoragem" aqueles pontos que descrevem as principais realizações da adolescência, destacando seu caráter estruturante e dinâmico. São eles: reordenamento narcísico e mudança na modalidade de dependência, reconhecimento da diferença geracional, reatualização do destino edípico e conquista da exogamia, aquisição da identidade sexual e pessoal, capacidade de propor enunciados verbais e de pensar e a construção do sentido de passado. Por último, proponho o marco da *capacidade de adolescer* como herdeira e matriz simbólica desse tempo de crise vital, porém criativo e potente, que é a adolescência.

O processo de adolescer pode ser alinhado a um segundo tempo de nascer, uma vez que as experiências e ansiedades inerentes ao início da vida são reeditadas durante a adolescência. Elementos da essência dos vínculos estabelecidos na vida primitiva, de caráter fusional e simbiótico, se perpetuam e são revividos ao longo dessa etapa, resultando na tarefa de elaborar um segundo tempo (*après coup*) do processo de diferenciação, com nova distribuição dos investimentos narcísicos. Tal mudança envolve a renúncia da relação com o objeto idealizado, sendo este o responsável pela ilusão de continuidade da unidade básica (Levisky, 1998).

Torna-se necessário, então, reconquistar os limites corporais, reapropriar-se do corpo como substrato do psiquismo e parte integrante dele. Essa aquisição protege o indivíduo de sintomas relacionados à percepção do corpo enquanto um estrangeiro ameaçador, por exemplo, como ocorre nas automutilações frequentes na adolescência mais patológica. O processo de saída da adolescência poderia ser representado pela confecção de um "Eu-pele adulto", ou seja, pela representação do corpo como abrigo do ser, sua morada e fonte de vitalidade nas suas várias possibilidades.

Por meio do sonho de Maria, uma analisanda de 20 anos, podemos reconhecer o trabalho de elaboração necessário para a aquisição de uma representação integrada do corpo adulto. Maria inicia a sessão relatando que havia começado a namorar e mostra o anel que simbolizava esse novo momento de sua vida. Fala sobre como foi dar a notícia para os pais, as reações emocionais de todos. Porém ressalta que o mais importante era poder contar o sonho daquela noite, muito intenso e "forte", conforme suas palavras. No sonho, Maria estava na casa onde morou durante toda a sua infância, em seu quarto que aparecia misturado com o sótão. Mistura estranha, ela dizia, já que esses cômodos ficavam em andares bem diferentes. Maria estava cuidando de um bebê, mas ficava muito assustada pois a cabeça e o corpo da criança estavam separados. Aterrorizada, ela fica sem saber o que fazer e enrola as duas partes do bebê em um cobertor. Pensa se poderia fazer alguma das "manobras" que aprendera nas aulas da faculdade de medicina; por fim, abre o cobertor e o bebê surge "normal", era uma menina, e antes não conseguia reconhecer o sexo. Maria tinha vivenciado uma adolescência de muito estudo e investimentos intelectuais, vindo buscar análise pois se sentia inibida e muito exigente quanto aos relacionamentos.

O jovem precisa se desligar das identificações mais primitivas e se identificar novamente a partir da escolha de novos objetos. Os objetos introjetados vão sendo recriados no ego e o superego também se fortalece. As modificações corporais, o luto pela identidade infantil e pais da infância constituem elementos que deverão ser sintetizados pelo ego, processo esse que é carregado de dor e de culpa. Os sentimentos antagônicos gerados por essa elaboração cedem lugar, ao final da adolescência, a um humor menos flutuante, favorecendo o uso dos novos arranjos pulsionais para a criação de um modelo mais integrado de vida.

Se a pessoa está viva, sem dúvida há dependência, declara Winnicott (2005). Apesar de a dependência afetiva dos objetos de amor não arrefecer ao longo da vida, sabemos que ela se modifica em termos de função e posição. Ao finalizar a adolescência, o jovem conquista condições afetivas favoráveis para acolher um outro, em estado de dependência, como o foi em suas origens. Implica a ruptura do papel exclusivo de filho e o reconhecimento da capacidade de cuidar, para além de ser cuidado. Significa o alcance de um estado mental em que a parentalidade se torna possível de forma real ou simbólica, por exemplo, no surgimento de uma relação em que o jovem adulto possa sustentar alguém (ou alguma atividade ou projeto) que dependa dele (Merea, 2006).

A conflitiva edípica se reatualiza na adolescência em toda a sua magnitude, tanto para o jovem como para a geração dos pais. Os adolescentes começam a ver seus pais como homem/mulher, com todas as fantasias, desejos, conflitos e temores, e são olhados por eles como filhos que também já são homem/mulher, e que devem se preservar do incesto e buscar a exogamia, escolhendo um par amoroso. O primeiro avanço pulsional, que é assumido pela fase edípica, conduz para a inserção na estrutura familiar, com os objetos primários; o segundo avanço, que ocorre na puberdade, conduz para a inserção na cultura.

Na palavra "exogamia", *exo* insere a noção da exterioridade, do "fora". Podemos dizer que o acesso a um lugar simbólico distinto se define pela construção do sentido de "fora", que pressupõe ao adolescente atravessar os limites do território endogâmico, "abrir as portas" para o novo e para o diferente do mundo familiar. Os grupos, tão significativos na adolescência, amparam no processo de desidentificação com os objetos endogâmicos e se tornam fonte de amizade na vida adulta.

Nesse contexto, Rodulfo (2004) aponta que é trabalho do adolescente promover um "novo ato psíquico" para a inscrição simbólica da categoria do "nós". Ainda que essa categoria venha sendo esboçada desde a infância, por meio dos irmãos e primeiros amigos, na adolescência ganha outra magnitude. O autor reassegura uma distinção importante entre essa categoria do "nós" com a psicodinâmica das massas, uma vez que o "nós" envolve um reconhecimento da diferenciação no encontro com o outro, sendo este percebido como tal. Mais do que isso, abrange a possibilidade de diferenciação sem necessidade de oposição, experiência que se contrapõe à indiscriminação.

Se o adolescente tem que implementar uma série de operações consigo mesmo e com o mundo externo para encontrar objetos não incestuosos, também o faz para encontrar outros destinos para a agressividade. Diz Winnicott (2023) que, se nossos filhos vierem a se descobrir, não se contentarão em descobrir qualquer coisa, mas sua totalidade em si mesma, e isso incluirá a agressividade e os elementos destrutivos neles existentes. Parte importante da descoberta da realidade objetiva depende das experiências com a agressividade e a inter-relação com um ambiente confiável.

Ambos os movimentos, o da inscrição psíquica do "nós" e os destinos saudáveis para a agressividade, permitem habilitar o jovem adulto para a construção de um conceito transformacional, o de adversário. "Jogar" com um adversário é bastante diferente de "combater" um inimigo, este último implicando importantes falhas narcísicas e intersubjetivas, expondo a destinos como o fanatismo, por exemplo.

Por tudo isso, a confrontação geracional é estruturante na adolescência. Os pais, se não puderem exercer a confrontação, por estarem temerosos de perder a juventude e o amor infantil dos filhos, se tornam incapazes de gerar limites. Atuando como cúmplices, idealizam a força do adolescente e impedem a experiência de serem "mortos" e "sobreviverem" ilesos e inalterados, sem o abandono de seus princípios. Os pais, quando mortos na fantasia, sobrevivem em sua função.

Na ambivalência e luta – deixar de ser a criança que depende e ser o adulto com projetos de independência –, o conflito deve ser externalizado. A agressividade, antes dirigida para os pais, passa a ser dirigida para as instituições e a sociedade, facilitando o processo de reconhecimento de fragilidades próprias e alheias. Emergem a aceitação da diferença geracional e a consideração pelos mais velhos. Recordo de alguns analisandos que no início da vida adulta organizaram projetos relacionados à história dos antepassados, escrevendo livros e revendo fotografias, ou que dão entrada em processos de cidadanias, por meio dos avós e bisavós. A terminação da adolescência pode revelar novos verbos: tolerar, esperar, considerar e respeitar.

A evolução das experiências amorosas contribui para os jovens abandonarem a posição narcísica de completude corporal, a ambivalência, e a se desvencilharem das imagens parentais. O fato de terem adquirido a capacidade de procriação, a possibilidade de realização dos papéis parentais (mesmo simbólicos) e a segurança da não consumação do incesto contribuem para a delimitação dos contornos da identidade sexual.

Com frequência, na travessia da adolescência, as experiências erótica, sensorial e afetiva não caminham juntas, e o que pode ser prazeroso para um sistema psíquico pode ser angustiante para outro, produzindo sintomas e regressões (Levisky, 1998). Somente com o tempo, e com o evoluir das experiências concretas, haverá a integração dessas diferentes partes em um ego mais estruturado, mais capaz de conter as contradições e reunir afetos, até então mantidos cindidos e sentidos como ameaçadores. O corpo, além de novos contornos, ganha o predicado de "ser" sexuado.

A contemporaneidade tem aberto debates fundamentais acerca dos processos de subjetivação sexual e itinerários do desejo, para além do dualismo masculino-feminino (Fiorini, 2015). Não será propósito deste artigo aprofundar tal temática, uma vez que ela exige minúcia e complexidade. Entretanto, torna-se possível salientar que a finalização da adolescência implica um movimento de síntese da experiência com a sexualidade, de reconhecimento de alguma forma de "ser" sujeito sexual.

Freud, ao final dos "Três ensaios sobre a teoria da sexualidade" (1989 [1905]), escreve um enunciado que ilumina essa perspectiva: a pulsão sexual do adulto nasce mediante a conjugação de diversas moções da vida infantil numa unidade, numa *aspiração*. Durante o período de transição da puberdade, os processos de desenvolvimento somático e psíquico prosseguem por algum tempo sem ligação entre si, até que a irrupção de uma intensa moção anímica de amor produza a unidade da função amorosa.

A palavra "aspiração" se torna valorosa, pois sugere a condição desejante de um projeto endereçado para além do sujeito e do tempo presente (atual). São registros do sentido de alteridade e futuridade (incluindo a castração, dimensão cronológica da temporalidade e noção da morte), que, integrados, abrem o campo da intersubjetividade e intimidade na vida adulta.

O reconhecimento do sentido de futuro depende de uma tarefa essencial na adolescência, a de colocar em memória e em história a autobiografia do sujeito. Aulagnier (1991) refere que essa tarefa é equivalente a "construir-se" um passado e significa que o sujeito adquire a capacidade de legitimar sua autobiografia. Essa escritura é "interminável", ou seja, passível de ser sempre modificada, mesmo considerando os capítulos já concluídos. Nesse processo de construção-reconstrução, entre o não modificável e o modificável nos registros relacional e das identificações, um fundo de memória (tela de fundo da composição biográfica) garante que o sujeito se reconheça como autor de sua obra.

Na adolescência, esse fundo de memória garante a permanência das identificações primordiais, a singularidade do desejo e da história, e se articula com outra tarefa que é a de colocar em cena, desde o passado, as novas possibilidades de relações, escolhas e limites. Isso assegura que o adulto emergente não será totalmente alheio à criança que um dia foi. Ambas as tarefas são dependentes de outro trabalho psíquico fundamental, a constituição do recalque.

A possibilidade de escrita da autobiografia anuncia outra importante aquisição da adolescência, que ganha destaque no seu término, a capacidade de propor enunciados verbais e pensar em níveis mais complexos. O trabalho entre cognição e vida afetiva vai se tornando mais coeso, afastando o uso das atuações e impulsividade destrutiva. Há espaço para narrar e historizar.

Temáticas como política, economia, ciência encontram lugar no jovem, que agora suporta pensar e debater as diferenças. Outro conteúdo importante que emerge na trama associativa desse momento final da adolescência é o do dinheiro, que desde as transformações simbólicas da sexualidade infantil vai ganhando significado de segurança, poder e liberdade. No cotidiano da clínica, me lembro de observar vários analisandos fazendo seus primeiros investimentos financeiros, marcando a importância real e simbólica de ter seu próprio "patrimônio".

Então, ao final da adolescência, o indivíduo saudável consegue reconhecer: este sou eu e não aquele. Este eu era, sou e serei. Significantes que surgem da representação de um corpo mais unificado, de uma maior separação e delimitação entre ele e o outro, da capacidade de devir, e de um sentimento maior de pertencer a si, e de poder escolher pertencer a uma família, a um grupo, a um povo, a uma cultura. Como escreve Clarice Lispector, na epígrafe citada: Eu existo!

Sobre a capacidade de adolescer

Proponho que o epílogo do luto pela adolescência seja configurado como a aquisição da *capacidade de adolescer*, herdeira de um tempo repleto de antagonismo, mas potencial de vitalidade para o ser humano. O tempo acabado da adolescência propriamente dita resultaria em uma matriz simbólica, disponível para o sustento de movimentos criativos e inovadores, ao longo de toda a vida. As transformações da matéria psíquica primária da vida infantil a partir dos "novos nexos", trazidos pela adolescência e suas representações correspondentes, configurariam a base dessa matriz, fonte de recursos para a subjetividade.

Sobre a palavra *capacidade*, Bonaminio (2011) escreve que, na linguagem de Winnicott, encontramos a tradição de reinventar, delinear, definir as palavras inventadas para designar estruturas e processos psíquicos que se inserem no panorama da psicanálise contemporânea após Freud. A originalidade e a peculiaridade de seu pensamento aparecem no uso dos termos e palavras com os quais ele propôs suas formulações clínicas e teóricas. Para Winnicott, o uso da palavra "capacidade" está associado à habilidade do ser humano de se relacionar de forma autêntica e criativa com seu ambiente e consigo mesmo.

Sublinho o termo "capacidade", como tantas vezes o fez Winnicott, para destacar o fato de que a vitalidade é a consequência de elementos que se acumulam em nós ao longo de um tempo e em um determinado espaço. Esse espaço se caracteriza pela ilusão que nos ajuda a manter um jogo de alternativas e alternâncias, um constante brincar entre o fora e o dentro, entre submissão e democracia, de forma que a vitalidade se faça presente nas relações (Boraks, 2008).

Optei por transformar o substantivo em verbo, na denominação da *capacidade de adolescer*, para assegurar a ideia de um estado simbólico, sempre inspirador e transicional. Dessa maneira fica ressaltada a diferença entre o uso da adolescência (no sentido do uso do objeto, conforme Winnicott) da sua manutenção indiscriminada ou de seu prolongamento exacerbado, em função dos ideais narcísicos atuais.

Carlos e Ana são analisandos que contribuíram para o reconhecimento da *capacidade de adolescer*. Ele procura a análise na vida adulta e relata ter dificuldades para empreender e potencializar seus negócios. Sendo o último filho de uma prole grande, demorou para sustentar sua autonomia e amadurecimento. Junto com o processo da análise, Carlos decide criar *start-ups*, como ele dizia: "empresas jovens, que toleram riscos e possuem potencial para crescer!". Por meio desse formato, ele consegue se desenvolver bastante profissionalmente e desfrutar de seu trabalho. Já Ana chega às entrevistas iniciais relatando se sentir deprimida, sem motivação em todas as áreas de sua vida. Vai contando sua história desde a infância e se descreve como uma adolescente cheia de conflitos, porém com muita vivacidade e sonhos, que adorava festas, viagens e amizades. Sem reconhecer a descrição que fizera de si enquanto adolescente, Ana se define na atualidade como uma mulher sem energia, sem graça e sem propósitos. Onde estaria a força daquela adolescente? De forma metafórica, digo para Ana que ela precisava "adolescer" enquanto capacidade.

A experiência emocional vivida no desenrolar da adolescência, quando incorporada à personalidade, fertiliza a expansão do ser e do conhecer. Abre as portas para a vida criativa, não só ligada ao sensorial, mas estimulada por este no encontro com o não sensorial, expandindo assim a capacidade de sentir, pensar, optar e agir (Levisky, 1998).

O vivenciado nesse tempo deixa marcas no ego, e a dinâmica da adolescência proporciona um aporte fundamental para a possibilidade de transformações e autocriações do psiquismo. Esse aporte serve de alicerce para a manutenção da confiança de recompor-se nas demais etapas do ciclo vital, em suas exigentes transformações corporais e emocionais, assim como em tantas outras circunstâncias nas quais o indivíduo precisa "refazer-se".

Da mesma forma, certas nuances de impulsividade e transgressão, características marcantes da adolescência, são essenciais para a conservação da criatividade e da inventividade na vida adulta. Todo adulto encontra-se com a necessidade de fazer lutos pelo encontro com a realidade, descobrindo novos caminhos e possibilidades. O representante pulsional segue produzindo efeitos desde o inconsciente, gerando conflitos, mas também encontrando vias de transformação da realidade, quando seu agente pode ser a transgressão criativa. "Pensar pede audácia, pois refletir é transgredir a ordem do superficial que nos pressiona tanto. Mas pensar não é apenas a ameaça de enfrentar a alma no espelho: é sair para as varandas de si mesmo e olhar em torno, e quem sabe finalmente respirar", escreve Lya Luft (2011, p.16).

Os desdobramentos do amar e trabalhar na vida adulta, quando alimentados pela *capacidade de adolescer*, podem ser mais ricos, vitalizados e menos defensivos. De fato, a vida adulta pode ser extremamente defensiva e normatizada quando não se permite ser alimentada por alguma chama pulsional que insiste em escapar do recalque.

Muitas vezes identificamos em nossos pacientes a queixa por uma pulsionalidade que era idealizadamente mais livre ou diversa, antes que se estabilizasse a escolha de objeto. Toda a ordem do polimorfismo perverso fica recalcada, sob o significante superegoico da genitalidade, que leva o sujeito para longe da sexualidade como brinquedo, refere Rodulfo (1990).

Sobre o projeto profissional, entende-se que uma das tarefas mais decisivas que especifica, do ponto de vista psicanalítico, o que chamamos adolescência, é a transformação do que é o brincar, como prática significante, naquilo que conhecemos como trabalho. Se essa tarefa fica sem ser realizada ou gravemente falida na adolescência, compromete-se tudo o que vai ser da ordem desse modo específico de sublimação que é o trabalho.

O essencial é que, em maior ou menor grau, as formações do desejo, longamente desenvolvidas no campo do brincar infantil e atuações lúdicas do adolescente, cedem parte de sua força e de seu poder intrínseco para o trabalhar, como atividade central da existência adulta, outorgando-lhe assim uma base pulsional decisiva na realização do trabalho. Sem essa base, o trabalho se faz de forma sobreadaptada, como uma fachada socialmente produtiva, mas subjetivamente vazia de significação. Quantas vezes escutamos nos analisandos adultos sintomas de sofrimento associados ao trabalho, vazio, insatisfação e tédio?

A manutenção dos recursos relacionados à função do Ideal de Ego são igualmente importantes na composição da *capacidade de adolescer*. O silenciamento do Ideal do Ego inibe o senso de horizonte, do será, de fantasias, perspectivas ou projetos, de efeitos de antecipação, do futuro, afirma Rodulfo (1990).

Recordo de João, um paciente de 21 anos, que dizia não ter desejo de nenhuma profissão: "posso fazer qualquer coisa, apenas para ganhar o dinheiro que preciso para viver", verbalizava. Por meio da análise compreendemos que a séria doença vivida pelo paciente na adolescência havia deixado um fantasma familiar: João não sobreviveria e, assim, não teria motivos para apostar no futuro. O investimento narcísico fora abalado por essa espécie de "maldição", de modo que nenhum ideal sustentava a possibilidade do paciente de "sonhar" com sua carreira, entre outros projetos. Gradativamente João foi saindo de um estado melancólico e retomando o sentido de horizonte, criou um modelo profissional correspondente aos seus recursos, era um rapaz inteligente, sensível e criativo.

Por fim, retomo a conhecida frase de Freud para criar a seguinte metáfora: onde era adolescência, a *capacidade de adolescer* deve advir! Pensar, investir, sofrer e transformar são tarefas que o sujeito precisa assumir para sustentar sua trajetória. O adolescer carrega em si a ideia de permeabilidade, movimento e riqueza de subjetividade. A subjetividade pode ser compreendida como o meio que o indivíduo tem de criar a si mesmo, o outro e o mundo, conservando a esperança de sempre recomeçar. Por meio do amor do encontro, do desejo de desejar, de reconhecer-se como único e reconhecer o outro como tal, com toda gama de possibilidades que esses movimentos trazem, poderemos seguir nossa travessia no oceano de possibilidades que se chama vida.

Referências

Aulagnier, P. (1990). *Um intérprete em busca de sentido I e II*. Escuta.

Aulagnier, P. (1991). Construir (se) un passado. *Adolescencia. Revista da APdeBA*, XIII.

Bonaminio, V. (2011). *Nas margens de mundos infinitos*. Imago.

Boraks, R. (2008). A capacidade de estar vivo. *Revista Brasileira de Psicanálise*, 42(1).

Fiorini, L. G. (2015). *La diferencia sexual en debate: cuerpos, deseos y ficciones*. Lugar Editorial.

Freud, S. (1989 [1905]). Três ensaios sobre a teoria da sexualidade. In S. Freud, *Edição standard brasileira das obras completas de Sigmund Freud*. Imago.

Gay, P. (1989). *Freud: uma vida para o nosso tempo*. Companhia das Letras.

Levisky, D. L. (1998). *Adolescência, reflexões psicanalíticas*. Casa do Psicólogo.

Lispector, C. (1999). A descoberta do mundo. Rocco.

Luft, L. (2011). *Pensar é transgredir*. Record.

Merea, A. (2006). La terminación de la adolescencia. In M. C. Hornstein (Comp.), *Adolescencias: trayectorias turbulentas*. Paidós.

Rodulfo, R. (1990). *O brincar e o significante: um estudo psicanalítico sobre a constituição precoce*. Artes Médicas.

Rodulfo, R. (2004). *El psicoanálisis de nuevo: elementos para la deconstrucción del psicoanálisis tradicional*. Eudeba.

Winnicott, D. (1975). *O brincar e a realidade*. Imago.

Winnicott, D. (2005). *Tudo começa em casa*. Martins Fontes.

Winnicott, D. (2023). *Da pediatria à psicanálise*. Ubu.

Posfácio

Este livro cumpre a função de fazer trabalhar o tema da adolescência, fase de transformações, tanto do corpo como da mente. Uma difícil etapa da vida, que carrega uma pré-história e marca a caminhada futura, sendo a escuta e o pensar psicanalítico fundamentais diante das mudanças culturais contemporâneas que vão rapidamente acontecendo, afetando diretamente a subjetividade e ressignificando os processos identificatórios.

A busca por sentidos, do ato às representações simbólicas no atravessar desse turbulento momento, é o que os autores procuraram transmitir em seus escritos, na busca do entender e nomear aquilo que está em pleno acontecer.

As peculiaridades do adolescente e seus sofrimentos, bem como as crises familiares e seu desfecho, são debatidos e aprofundados nesta obra, que nos brinda com o mais atual em termos de teoria e de técnica psicanalítica.

Sobre os autores

Aline Pinto da Silva

Psicanalista, membro titular da Sociedade Brasileira de Psicanálise de Porto Alegre (SBPdePA). Psicanalista de crianças e adolescentes pela IPA. Coordenadora da Formação Integrada do Instituto da SBPdePA (2021-2023). Membro pleno no Centro de Estudos Psicanalíticos de Porto Alegre (CEPdePA). Coordenadora do Serviço Psicanalítico da Infância e Adolescência do CEPdePA (2017-2021). Coordenadora do Núcleo de Infância e Adolescência (NIA) da SBPdePA (2019-2021) Coordenadora da área de infância e adolescência da Fepal (2020-2022) e atual delegada da SBPdePA junto à Comissão de Infância e Adolescência da Fepal.

Ana Rosa Chait Trachtenberg

Medica psicanalista. Membro titular com função didática, ex-presidente da Sociedade Brasileira de Psicanálise de Porto Alegre (SBPdePA-IPA). Autora de *Transgeracionalidade-intergeracionalidade* (Blucher). Ocupou vários cargos na Febrapsi-Fepal-IPA. Atualmente presidente da ABPCF (Associação Brasileira de Psicanálise de Casal e Família).

Ane Marlise Port Rodrigues

Médica formada pela UFRGS. Especialista em Psiquiatria pela UFRGS. Psicanalista. Membro titular com função didática e docente do Instituto de Psicanálise da Sociedade Brasileira de Psicanálise de Porto Alegre. Psicanalista de crianças e adolescentes pela IPA (International Pyschoanalitycal Association). Professora convidada e supervisora do Curso de Psicoterapia de Orientação Analítica

(Cepoa) e do Curso de Atualização em Psicoterapia da Infância e Adolescência do Centro de Estudos Luís Guedes (CELG) da Faculdade de Medicina da UFRGS. Coordenadora da Comissão Ubuntu (2022/2024) – Projeto Ubuntu da SBPdePA – Programa de Bolsas Formação Psicanalítica do Instituto de Psicanálise da Sociedade Brasileira de Psicanálise de Porto Alegre para Profissionais Negros, Negras e Indígenas das áreas de Psicologia e Medicina.

Astrid Elisabeth Müller Ribeiro
Psicóloga e psicanalista. Membro titular e didata da Sociedade Brasileira de Psicanálise de Porto Alegre (SBPdePA). Ex-presidente da Sociedade de Psicologia do Rio Grande do Sul. Ex-presidente da SBPdePA

Caroline Milman
Psicóloga (PUC/RS), especialista em psicoterapia da infância e adolescência (Ceapia), psicanalista de crianças, adolescentes e adultos (SBPdePA).

Charo Maroño
Doutora em Psicologia Ph.D. (Universidade de El Salvador, 2016). Membro do Fórum Internacional de Professores (IFT). Cátedra Unesco em Bioética, Haifa University, membro da Associação Psicanalítica Internacional (2007), membro da Associação Psicanalítica Argentina (2006), Especialista em Infância e Adolescência, membro da Comissão Acadêmica do Mestrado em Psicanálise (U.S.A.L./A.P.A). Professora de Psicopatologia e Diagnóstico e Tratamento de Crianças, Puberdades e Adolescentes na Universidad del Salvador (U.S.A.L.). Professora do Programa de Mestrado em Psicanálise e da Comissão de Psicanálise Contemporânea e/ou Disruptiva do Doutorado em Psicologia da Universidad del Salvador. Foi palestrante e professora convidada no exterior na área da infância e adolescência. Recebeu uma Menção Honrosa do Prêmio Arminda Aberastury pelo melhor trabalho sobre psicanálise com crianças e/ou adolescentes. Associação Psicanalítica Argentina. Novembro de 2016 "*Selfies*. Sua função psíquica na puberdade".

Denise Zimpek
Psicóloga (PUC/RS). Psicanalista individual de casais e famílias. Membro titular com função didática, membro do Núcleo de Vínculos e vice-presidente da atual gestão (2024-2026) da diretoria da SBPdePA. Membro fundadora, diretora científica, docente e supervisora da Gaepsi – Associação de Psicoterapia Psicanalítica. Membro da Comissão de Psicanálise de Casal e Família da Febrapsi. Coautora dos livros: *Criando crianças*; *Transgeracionalidade: de escravo a*

herdeiro; *Por que psicanálise vincular?*. Organizadora do livro *O eu e o isso: um século de ressonâncias*.

Ester Malque Litvin

Médica, psiquiatra, psicanalista da Sociedade Brasileira de Psicanálise de Porto Alegre (SBPdePA). Coordenadora da infância e adolescência no Instituto de Psicanálise da SBPdePA. Delegada da Infância e Adolescência da Federação Psicanalítica da América Latina (Fepal).

Fábio Martins Pereira

Médico psiquiatra. Psicanalista pela Associação Psicanalítica Internacional. Membro associado da SBPdePA. Professor da Universidade Franciscana de Santa Maria e do Contemporâneo Instituto de Psicanálise e Transdisciplinaridade.

Helena Surreaux

Psicanalista. *Full member* da International Psychoanalytical Association (IPA). Membro titular com função didática da Sociedade Brasileira de Psicanálise de Porto Alegre (SBPdePA) e da Asociación Psicoanalítica Argentina (APA). Especialista em Psicanálise da Infância e Adolescência pela IPA. Doutoranda de Psicologia da Comisión de Psicoanálisis Contemporáneo y/o Lo Disruptivo da Universidade de El Salvador, Buenos Aires. Diretora de admissão e formação do Instituto Latino-americano de Psicanálise (ILAP) desde 2021. Diretora científica suplente da Federação Latino-americana de Psicanálise (Fepal) (2018-2020). Diretora de formação do Instituto da SBPdePA (2016-2018). Presidente da SBPdePA durante duas gestões (2012-2016). Diretora de comunicação e editora da revista *Psicanálise* da SBPdePA (2010-2012). Coautora dos livros: *Psicanálise de crianças: perspectivas para um novo século* (2001) e *Psicanálise de crianças: novas escutas possíveis* (2018), além de vários artigos em publicações psicanalíticas e jornais de circulação geral.

Juliana Lang Lima

Psicanalista e escritora. Membro associado da Sociedade Brasileira de Psicanálise de Porto Alegre e membro pleno do Centro de Estudos Psicanalíticos de Porto Alegre. Organizadora e autora de *A analista grávida* (Artes e Ecos, 2020). Autora de *Tempos maternos* (Artes e Ecos, 2022) e *Transmissões do feminino* (Artes e Ecos, 2024).

Mara L. Horta Barbosa

Médica pediatra e neonatologista com atuação na UTI neonatal do Hospital Fêmina/Grupo Hospitalar Conceição, desde 1991. Médica psiquiatra e psicanalista. Membro titular da Sociedade Brasileira de Psicanálise de Porto Alegre com atuação em clínica privada desde 2005. Co-coordenadora do grupo de estudos "Desenvolvimento 0 – 3" e coordenadora do grupo de estudos "Estudo da obra de Winnicott" da SBPdePA, dirigido à comunidade, desde 2018.

Paula Daudt Sarmento Leite

Psicóloga pela PUC/RS. Psicanalista. Membro associado da Sociedade Brasileira de Psicanálise de Porto Alegre. Membro efetivo do Centro de Estudos Psicanalíticos de Porto Alegre. Cofundadora do curso de especialização na Teoria e Técnica de Intervenção na Relação Pais-bebê do Itipoa. Membro titular do Itipoa: psicanálise e criatividade. Coordenadora de seminário e supervisora.

Vera Elisabethe Hartmann

Psicóloga pela Pontifícia Universidade Católica do RS. Especialista em Psicologia Clínica – PUC/RS. Especialista em Psicologia Clínica pelo Conselho Federal de Psicologia. Professora de Psicologia Clínica e Psicologia Geral no curso de Psicologia da Universidade de Passo Fundo – RS. Professora do curso de especialização em Psicoterapia Psicanalítica da UPF. Presidente da Sociedade de Psicologia do RS (1994-1995). Especialista na relação mãe-bebê. Formação psicanalítica na Sociedade Psicanalítica de Pelotas – IPA (1995). Membro associado da Sociedade Brasileira de Psicanálise de Porto Alegre. Diretora de comunidade e cultura da SBPdePA (gestão 2022-2023).